W0012762

Beck-Rechtsberater

Scheidungsberater für Männer

dtv

Beck-Rechtsberater

Scheidungsberater

für Männer

Seine Rechte und Ansprüche
bei Trennung und Scheidung

Von Dr. Gunter Schlickum,
Rechtsanwalt in München

2. Auflage

Deutscher Taschenbuch Verlag

Im Internet:
dtv.de
beck.de

Originalausgabe

Deutscher Taschenbuch Verlag GmbH & Co. KG,
Friedrichstraße 1a, 80801 München
© 2010. Redaktionelle Verantwortung: Verlag C.H. Beck oHG
Druck und Bindung: Druckerei C.H. Beck, Nördlingen
(Adresse der Druckerei: Wilhelmstraße 9, 80801 München)
Satz: Fa. ottomedien, Darmstadt
Umschlaggestaltung: Design Concept Krön, Puchheim,
unter Verwendung eines Fotos von Fotolia
ISBN 978-3-423-50661-8 (dtv)
ISBN 978-3-406-60116-3 (C. H. Beck)

9 783406 601163

Vorwort

Lieber Leser,
dieses Buch wendet sich ausdrücklich an Männer.
Es gibt nur ein Recht, aber unterschiedliche rechtliche Blickwinkel. Dieser Satz gilt für kein Rechtsgebiet so sehr wie für das Familienrecht. Zwar gibt es nur wenige Vorschriften, die sich speziell an Frauen bzw. Männer richten, die meisten Regelungen gelten für beide Geschlechter gleichermaßen. In der Praxis sind Frauen und Männer aber oft sehr unterschiedlich betroffen.
Dies gilt besonders in Bezug auf die Kinder, die nach der Scheidung meist von den Müttern versorgt werden. Für die Väter stellt sich oft die Aufgabe, den Kontakt zu den Kindern nicht zu verlieren. Wie oft kann ich meine Kinder sehen? Wie ist es in den Ferien? Und wie an Weihnachten? Diese Fragen stellen sich viele Väter. Nicht selten kommt es zu erbitterten Rechtsstreitigkeiten.
Auch im Unterhaltsrecht gibt es geschlechtsspezifische Sichtweisen, besonders beim Ehegattenunterhalt, der am meisten umkämpften Scheidungsfolge. In der Mehrzahl der Fälle sind es die Männer, die auf Unterhalt in Anspruch genommen werden. Muss ich nach der Scheidung Unterhalt für meine Ex-Frau zahlen? Wie viel muss ich zahlen? Wie lange muss ich noch zahlen? Diese Fragen stellen sich nicht nur für alle aktuell von Scheidung betroffenen Männer, sondern auch für schon geschiedene. Das zum 1. 1. 2008 in Kraft getretene neue Unterhaltsrecht gilt auch für Altfälle. Unterhaltsregelungen nach altem Recht können angepasst werden.
Die neuen unterhaltsrechtlichen Vorschriften konnten bereits in der Erstauflage berücksichtigt werden. Allerdings war damals nicht absehbar, wie die Rechtsprechung diese umsetzen würde. Die wichtigsten Entscheidungen zum neuen Unterhaltsrecht sind nun eingearbeitet.
Die neue Auflage stellt eine umfassende Aktualisierung dar, die auch die zum 1. 9. 2009 in Kraft getretene Familienrechtsreform berücksichtigt.

Die Vorschriften zum Zugewinnausgleich im BGB sind in wesentlichen Punkten geändert worden. Geänderte Berechnungsmaßstäbe bei Anfangs- und Endvermögen können weit reichende Konsequenzen haben.

Die Vorschriften über die Haushaltsgegenstände, früher Gegenstand der HausrVO, finden sich nun im BGB.

Der Versorgungsausgleich ist nun nicht mehr im BGB, sondern im VersAusglG geregelt, das die Realteilung als Regelausgleichsform eingeführt hat.

Die verfahrensrechtlichen Regelungen, früher auf ZPO und FGG verteilt, sind nun im FamFG zusammengefasst, das eine Vielzahl von Neuerungen gebracht hat.

Anwaltlicher Rat wird durch dieses Buch nicht entbehrlich. Der ist und bleibt wichtig und sollte möglichst frühzeitig eingeholt werden. Was dieses Buch bieten will, ist eine Orientierung in einem sehr komplexen Rechtsgebiet. Wenn beide Seiten das Recht kennen, kann dies eine Verständigung erleichtern. Einer solchen ist gerade im Familienrecht der Vorzug zu geben. Wenn alle Bemühungen scheitern, müssen Sie Ihr Recht bei Gericht suchen.

www.schlickum.com

München, im Frühjahr 2010 *Gunter Schlickum*

Inhaltsübersicht

Inhaltsverzeichnis

Abkürzungsverzeichnis

Abs. .... Absatz
AG .... Amtsgericht
Anm. .... Anmerkung
Art. .... Artikel
Aufl. .... Auflage
Az. .... Aktenzeichen
BAföG .... Bundesausbildungsförderungsgesetz
BfA .... Bundesversicherungsanstalt für Angestellte
BGB .... Bürgerliches Gesetzbuch
BGBl. .... Bundesgesetzblatt
BGH .... Bundesgerichtshof
BT .... Berliner Tabelle
BVerfG .... Bundesverfassungsgericht
DFGT .... Deutscher Familiengerichtstag
DR .... Deutsche Rentenversicherung
DT .... Düsseldorfer Tabelle
EGBGB .... Einführungsgesetz zum BGB
EGZPO .... Einführungsgesetz zur ZPO
EheG .... Ehegesetz
EStG .... Einkommenssteuergesetz
e. V. .... eingetragener Verein
FamFG .... Gesetz über das Verfahren in Familiensachen und in den Angelegenheiten der freiwilligen Gerichtsbarkeit
FamGKG .... Gesetz über Gerichtskosten in Familiensachen
FamRZ .... Zeitschrift für Familienrecht
ff. .... folgende
GG .... Grundgesetz
HausrVO .... Hausratverordnung
KO .... Kostenordnung
LG .... Landgericht

LPartG .... Lebenspartnerschaftsgesetz
NJW .... Neue Juristische Wochenschrift
NJW RR .... NJW Rechtsprechungsreport
OLG .... Oberlandesgericht
Rdn. .... Randnummer
RVG .... Rechtsanwaltvergütungsgesetz
SL .... Süddeutsche Leitlinien
VA .... Versorgungsausgleich
VAHRG .... Gesetz zur Regelung von Härten im VA
VersAusglG .... Gesetz über den Versorgungsausgleich
ZA .... Zugewinnausgleich
ZPO .... Zivilprozessordnung

1. Kapitel

Trennung und Folgen

Wenn ein Ehepaar sich trennt, hat dies weitreichende rechtliche Folgen. Das Verhältnis der Eheleute untereinander ist ebenso betroffen wie das zu den Kindern. Für die Scheidung ist die Trennung eine zentrale Voraussetzung. Normalerweise kann die Scheidung erst erfolgen, wenn seit der Trennung mindestens ein Jahr vergangen ist.

Trennung im Rechtssinn bedeutet, dass zumindest einer der Eheleute die eheliche Lebensgemeinschaft nicht mehr fortsetzen will.

> **§ 1567 BGB.** (1) Die Ehegatten leben getrennt, wenn zwischen Ihnen keine häusliche Gemeinschaft besteht und ein Ehegatte sie erkennbar nicht herstellen will, weil er die eheliche Lebensgemeinschaft ablehnt. (. . .)

Mit der Trennung wird die Trennungszeit in Gang gesetzt. Ein fehlgeschlagener kurzzeitiger **Versöhnungsversuch** (wenn die eheliche Beziehung wieder aufgenommen, dann aber bald wieder beendet wird) unterbricht die Trennungszeit nicht (§ 1567 BGB).

Praxistipp:

Die entscheidenden rechtlichen Weichenstellungen erfolgen meist mit der Trennung. Fehler, die in diesem Stadium gemacht werden, sind später oft nicht mehr zu korrigieren. Es ist deshalb dringend anzuraten, möglichst früh anwaltlichen Rat in Anspruch zu nehmen.

A. Trennung

I. Trennung mit Auszug

Normalerweise bedeutet Trennung, dass einer der Eheleute aus der gemeinsamen Wohnung auszieht.

Praxistipp:

Nicht selten gibt es Streit um den **Trennungszeitpunkt**. Wenn Sie ausziehen, sollten Sie klarstellen, dass Sie damit die eheliche Gemeinschaft beenden. Dies kann z. B. durch einen Brief geschehen, der per Einschreiben geschickt oder in Anwesenheit eines Zeugen in den Briefkasten der Ehewohnung geworfen wird. Nachsendeantrag und Ummeldung können später wichtige Indizien für eine Trennung sein. Soweit bereits ein Anwalt beauftragt ist, wird dieser dafür sorgen, dass die Trennung dokumentiert wird.

II. Trennung innerhalb der Wohnung

Bisweilen gibt es Gründe, die gemeinsame Wohnsituation zunächst noch beizubehalten. Meist stehen dabei finanzielle Gesichtspunkte im Vordergrund. Bisweilen geschieht dies auch den Kindern zuliebe. Für eine Trennung im rechtlichen Sinn ist es nicht erforderlich, dass einer der Ehepartner auszieht. Das Getrenntleben innerhalb der Wohnung ist im Gesetz vorgesehen.

§ **1567 BGB.** (1) (...) Die häusliche Gemeinschaft besteht auch dann nicht mehr, wenn die Ehegatten innerhalb der ehelichen Wohnung getrennt leben.

Die Anforderungen, welche die Gerichte an eine Trennung innerhalb der Ehewohnung stellen, sind hoch. Die Gemeinsamkeiten müssen auf das absolute Minimum reduziert werden. Mit der „Trennung von Tisch und Bett" ist es nicht getan.

Praxistipp:

Eine schriftliche Vereinbarung, in der die Modalitäten des Getrenntlebens (Geld, Wohnung, Haushalt) festgehalten werden, kann im Scheidungsverfahren den Nachweis der Trennung erleichtern.

Es wird auch verlangt, dass die Eheleute nicht mehr „aus einem Topf wirtschaften". Das finanzielle Budget muss aufgeteilt werden.

Praxistipp:

Auf keinen Fall darf weiter eine gemeinsame Haushaltskasse geführt werden. Gemeinsame Konten sollten unbedingt aufgelöst werden.

Auch darf der Haushalt nicht mehr gemeinsam geführt werden. Wenn nur ein Ehegatte berufstätig ist und der andere bislang den Haushalt allein geführt hat, muss nun jeder für sich selber kochen, waschen und bügeln.

Praxistipp:

Gelegentliche gemeinsame Mahlzeiten den Kindern zuliebe schaden nicht.

Die Ehewohnung muss räumlich klar aufgeteilt werden. Die einzelnen Zimmer müssen jeweils einem der Ehegatten zugewiesen und ausschließlich von diesem benutzt werden. Gemeinsam sollten nur noch die Versorgungsräume, also Küche, Bad, Toilette, Keller etc., benutzt werden.

RECHTSPRECHUNG: In einem vom OLG München entschiedenen Fall hatte die Ehewohnung zwei Bäder. Aus praktischen Gründen benutzten die getrennt lebenden Eheleute weiterhin gemeinsam ein Badezimmer. Das zweite reservierten sie für ihre Gäste. Das Gericht sah die Voraussetzungen des Getrenntlebens nicht erfüllt und wies den Scheidungsantrag ab.

B. Trennungsfolgen

Die Trennung hat erhebliche rechtliche Konsequenzen.

Einige Rechtsfolgen treten ohne weiteres Zutun ein, andere können auf Antrag herbeigeführt werden.

I. Schlüsselgewalt

Mit der Trennung endet die sog. Schlüsselgewalt (§ 1357 BGB). Diese gibt jedem Ehegatten das Recht, Geschäfte zur angemessenen Deckung des Lebensbedarfs der Familie mit Wirkung auch für und gegen den anderen Teil zu besorgen. Der Umfang der Schlüsselgewalt reicht von den täglichen Einkäufen bis zur Beauftragung eines Arztes für die Kinder. Stets werden beide Ehepartner berechtigt und verpflichtet.

> **BEISPIEL:** Frau Sollinger kauft eine neue Waschmaschine.
> Solange sie mit ihrem Mann zusammenlebt, ist dieser neben ihr zur Bezahlung des Kaufpreises verpflichtet.
> Nach der Trennung ist sie alleinige Schuldnerin.

II. Sorgerecht

Besonders einschneidend ist die Trennung für die Kinder. Oft beginnt ein „Kampf ums Kind", in dem auch unfaire Mittel bis hin zum Vorwurf des Kindsmissbrauchs zum Einsatz kommen.

> **Praxistipp:**
> Wenn die Trennung bevorsteht und keine Einigung bezüglich der Kinder gefunden wird, kann es sinnvoll sein, Kontakt mit dem Jugendamt aufzunehmen. Zuständig ist das Jugendamt, in dessen Bezirk die Kinder leben. Wichtig ist, dass Sie persönlich vorstellig werden und Ihr Interesse an den Kindern deutlich machen. Im Falle einer gerichtlichen Auseinandersetzung um das Kind kommt dem Jugendamt eine Schlüsselrolle zu.

Solange die eheliche Lebensgemeinschaft besteht, steht das vom Grundgesetz in Art. 6 geschützte Sorgerecht beiden Elternteilen gemeinsam zu.

Ein wichtiger Aspekt ist die sog. **Personensorge,** also die Pflege, Beaufsichtigung und Erziehung der Kinder (§ 1631 BGB). Dies betrifft sowohl das körperliche wie auch das seelische Wohlergehen der Kinder.

Auch die **rechtliche Vertretung** der Kinder (z. B. beim Abschluss eines Ausbildungsvertrages) ist Teil des Sorgerechts.

Ein weiterer Aspekt ist die **Vermögenssorge,** also die Verwaltung des Kindesvermögens (z. B. Sparkonten oder Aktienguthaben).

Der in der Praxis wichtigste Aspekt ist das sog. **Aufenthaltsbestimmungsrecht,** das Recht, den Aufenthalt des Kindes zu bestimmen.

1. Gemeinsames Sorgerecht

Im Regelfall ändert die Trennung der Eltern nichts am gemeinsamen Sorgerecht. Auch wenn die Ehe gescheitert ist, sollen beide Elternteile weiterhin gemeinsam rechtlich für die Kinder verantwortlich bleiben: „Eltern bleiben Eltern".

> **§ 1627 BGB.** Die Eltern haben die elterliche Sorge in eigener Verantwortung und in gegenseitigem Einvernehmen zum Wohl des Kindes auszuüben. Bei Meinungsverschiedenheiten müssen sie versuchen, sich zu einigen.

Die Elternteile müssen weiterhin im Einvernehmen miteinander entscheiden, was gerade in der Trennungsphase besonders schwierig sein kann, stehen doch wichtige Entscheidungen an:

Wo soll das Kind zukünftig leben? Soll es seinen Lebensmittelpunkt bei der Mutter haben oder beim Vater? Oder soll es abwechselnd bei Mutter und Vater leben? Gemeinsame Antworten auf diese Fragen werden nicht immer gefunden.

> **Praxistipp:**
>
> Einseitige Maßnahmen sind unzulässig. Ihre Frau hat kein Recht, die Kinder beim Auszug einfach mitzunehmen. Dazu braucht sie Ihr Einverständnis. Wenn sie dies gleichwohl tut, sollten Sie sofort das Familiengericht anrufen.

Die Fortführung der gemeinsamen elterlichen Sorge nach der Trennung wird dadurch erleichtert, dass nicht alle Fragen einvernehmlich entschieden werden müssen. Die Angelegenheiten des täglichen Lebens können von dem Elternteil, bei dem sich das Kind (mit Einverständnis des anderen) befindet, alleine entschieden werden

(§ 1687 BGB). Dies sind vor allem Entscheidungen, die häufig vorkommen:

- Bestimmung der Schlafenszeit
- Auswahl der Fernsehprogramme
- Zeiten am Computer
- Ausübung des Fußballsports
- Teilnahme an Klassenfahrten.

> **BEISPIEL:** Wenn Ihre Tochter bei Ihnen ist, können Sie alleine entscheiden, ob diese am Nachmittag zum Baden gehen darf.

In Angelegenheiten von erheblicher Bedeutung hingegen müssen die Eltern zu einem gemeinsamen Ergebnis kommen (§ 1687 BGB). Dies sind solche, die große Auswirkungen auf die weitere Entwicklung des Kindes haben:

- Erziehungsgrundsätze
- Religiöse Erziehung
- Wahl des Kindergartens
- Wahl der Schule
- Umgang mit anderen Personen
- Auswanderung des Kindes.

> **BEISPIEL:** Wenn es darum geht, ob Ihr Sohn auf ein Sportinternat wechseln soll, müssen Sie mit Ihrer Frau zu einer Einigung kommen.

Wenn keine Einigung möglich ist, muss eine Entscheidung des Familiengerichts herbeigeführt werden. Dieses entscheidet allerdings nicht in der Sache selbst, sondern überträgt die Entscheidungsbefugnis in dieser speziellen Angelegenheit einem Elternteil.

> **BEISPIEL:** Herr und Frau Sorge können sich nicht einigen, ob ihr 15-jähriger Sohn Tobias ein Jahr als Austauschschüler in die USA gehen soll. Frau Sorge meint, dass dies den Sohn schulisch zurückwerfen würde. Herr Sorge ist der Auffassung, dass alle Nachteile durch die Vorteile des Auslandsaufenthaltes mehr als aufgewogen würden.

Wenn das Gericht Herrn Sorges Sichtweise folgt, wird es ihm die Entscheidung übertragen.

2. Alleinsorgerecht

Solange es den Eltern im Ergebnis gelingt, in den wesentlichen Fragen zu gemeinsamen Ergebnissen zu kommen, gibt es keinen Grund, am gemeinsamen Sorgerecht etwas zu ändern. Wenn dies nicht mehr der Fall ist, kommt die Aufhebung des gemeinsamen Sorgerechts in Betracht. Anders als früher knüpft das Gesetz heute nicht mehr an die Scheidung, sondern an das Getrenntleben an.

§ 1671 BGB. (1) Leben Eltern, denen die elterliche Sorge gemeinsam zusteht, nicht nur vorübergehend getrennt, so kann jeder Elternteil beantragen, dass ihm das Familiengericht die elterliche Sorge oder einen Teil der elterlichen Sorge allein überträgt.
(2) Dem Antrag ist stattzugeben, soweit
1. der andere Elternteil zustimmt, es sei denn, dass das Kind das 14. Lebensjahr vollendet hat und der Übertragung widerspricht, oder
2. zu erwarten ist, dass die Aufhebung der gemeinsamen Sorge und die Übertragung auf den Antragsteller dem Wohl des Kindes am besten entspricht. (...)

Die Übertragung der elterlichen Sorge auf einen Elternteil allein bedeutet, dass dem anderen sein Anteil an der bisher gemeinsamen Sorge entzogen wird. Dafür bedarf es wichtiger Gründe. Meinungsverschiedenheiten allein reichen nicht. Nach dem OLG Köln ist den Eltern das gemeinsame Sorgerecht selbst dann zu belassen, wenn diese „heillos zerstritten" sind – solange sich dies nicht negativ auf das Kindeswohl auswirkt.

RECHTSPRECHUNG: Auch eine Meinungsverschiedenheit in einem wichtigen Punkt, etwa über die religiöse Erziehung, reicht nach BGH nicht aus, um die Alleinsorge als die beste Lösung erscheinen zu lassen.

Das Gericht muss eine am Kindeswohl orientierte zweistufige Prüfung vornehmen.

(1) Entspricht die Aufhebung der gemeinsamen Sorge dem Kindeswohl?

7

(2) Entspricht die Übertragung des Alleinsorgerechts auf den antragstellenden Elternteil dem Wohl des Kindes?

Die Entscheidung über Beibehaltung oder Aufhebung der gemeinsamen elterlichen Sorge hängt in erster Linie vom Verhältnis der Elternteile zueinander ab.

Wenn die Kommunikation zwischen den Eltern ganz zum Erliegen gekommen ist, führt an der Aufhebung des gemeinsamen Sorgerechts kein Weg vorbei.

Ist die Kommunikation nur gestört, kommt es darauf an, wie tiefgreifend die Störung ist.

Praxistipp:

Trotz vielleicht großer Spannungen empfiehlt es sich, den Kontakt mit der Ehefrau aufrechtzuerhalten. Dieser kann auf das Kind betreffende Fragen beschränkt werden. Persönliche Treffen sind oft nicht unbedingt erforderlich. Viele Fragen können auch per E-Mail kommuniziert werden.

Dass das gemeinsame Sorgerecht wegen mangelhafter Kooperationsfähigkeit aufgehoben wird, kommt selten vor. Meistens geschieht dies deshalb, weil ein Elternteil zur Pflege und Erziehung des Kindes ungeeignet erscheint.

BEISPIEL: Herr Adams beantragt beim Familiengericht, die elterliche Sorge für die beiden 10- und 12-jährigen Töchter auf ihn allein zu übertragen. Er verweist darauf, dass seine schwer alkoholkranke Frau zwar diverse Therapien begonnen, diese aber immer abgebrochen habe und nun keinerlei Anstrengungen mehr unternehme, sich von ihrer Sucht zu befreien.
Wenn dies zutrifft, hat sein Antrag gute Aussichten auf Erfolg.

a) Kindeswohl: Maßstab für die Entscheidung, welchem Elternteil das Sorgerecht zu übertragen ist, ist das Kindeswohl, wobei folgende Kriterien im Vordergrund stehen:

- Kontinuitätsgrundsatz
- Förderungsgrundsatz
- Bindungen des Kindes
- Kindeswille.

Nach dem **Kontinuitätsgrundsatz** kommt es darauf an, welcher Elternteil bisher den größeren Erziehungsanteil gehabt hat. Ein häufiger Wechsel der Bezugs- und Betreuungspersonen soll – zumindest bei Kindern im Vorschulalter – ebenso vermieden werden wie ein Wechsel des sozialen Umfeldes. Dem Kind sollen die vertrauten Bezugspersonen (Nachbarn, Mitschüler, Freunde) und die gewohnte Umgebung (Wohnung, Kindergarten, Schule, etc.) möglichst erhalten bleiben.

Praxistipp:

Bedenken Sie, dass der Auszug aus der Ehewohnung wegen des Kontinuitätsgrundsatzes bereits eine Vorentscheidung über die Kinder sein kann. Wer mit den Kindern in der Wohnung verbleibt, darf darauf hoffen, die Kinder endgültig bei sich zu behalten. Wenn Sie wollen, dass die Kinder bei Ihnen bleiben und Sie Aussichten sehen, diesen Wunsch rechtlich durchsetzen zu können, sollte Sie darauf hinwirken, dass Ihre Frau auszieht.

Nach dem **Förderungsgrundsatz** kommt es darauf an, welcher Elternteil besser in der Lage ist, das Wohl des Kindes zu fördern, wobei Erziehungskonzepte ebenso eine Rolle spielen wie persönliche Eigenschaften, etwa Verlässlichkeit.

Den **Bindungen des Kindes** an einen Elternteil ist Rechnung zu tragen. Auch die Bindung an die Geschwister ist zu beachten. Geschwisterkinder sollen nur ausnahmsweise getrennt werden.

Die Kinder sind grundsätzlich anzuhören. Ab einem Alter von 14 Jahren ist die Anhörung unabdingbar. In der Regel ist eine Anhörung geboten, wenn das Kind mindestens 5 Jahre alt ist. Dies gilt besonders dann, wenn die Neigungen, Bindungen oder der Wille des Kindes für die Entscheidung von Bedeutung sind (§ 159 FamFG).

Der **Wille des Kindes** ist stets erheblich, aber nicht unbedingt entscheidend. Das Gericht hat immer zu prüfen, ob der geäußerte Wille auch dem Kindeswohl entspricht. Je älter das Kind ist, desto mehr Gewicht hat seine Meinung. Der Wunsch eines 11-jährigen Kindes wird als sehr beachtlich angesehen. Die Willensäußerung eines 16-jährigen Kindes ist weitgehend entscheidend und kann nur aus schwerwiegenden Gründen übergangen werden.

Das Gericht kann für das Kind einen **Verfahrensbeistand** („Anwalt des Kindes") bestellen (§ 158 FamFG), dem die Aufgabe zukommt, die Interessen des Kindes zu formulieren.

Praxistipp:

Wenn Sie als Vater weiter sorgeberechtigt bleiben wollen, sollten Sie dies deutlich machen. Ganz falsch wäre es, sich zurückzuziehen und der Mutter das Feld allein zu überlassen. Ein Vater, der wenig Einsatz für sein Kind zeigt, hat im Sorgerechtsverfahren schlechte Chancen. Nutzen Sie alle Möglichkeiten, sich als engagierter Vater zu zeigen, in der Nachbarschaft genauso wie in der Kirchengemeinde oder im Sportverein. Ganz wichtig ist die Teilnahme an schulischen Veranstaltungen, besonders der Elternabende. Wenn Sie feststellen, dass die Einladungen dazu bei Ihrer Frau „versickern", sollten sie der Schule mitteilen, dass Sie das Sorgerecht weiterhin gemeinsam ausüben wollen und um eine eigene Einladung bitten.

b) Bindungstoleranz: Wenn beide Elternteile etwa gleich erziehungsgeeignet erscheinen, kommt der **Bindungstoleranz** eine wichtige Bedeutung zu. Darunter versteht man die Fähigkeit, den spannungsfreien Kontakt zum anderen Elternteil zuzulassen.

Prüfstein ist in der Regel die Frage, ob der potentiell sorgeberechtigte Teil bereit ist, den persönlichen Umgang mit dem anderen Elternteil nicht nur zuzulassen, sondern das Kind auch dazu zu motivieren.

Zur Vorbereitung seiner Entscheidung schaltet das Gericht das zuständige Jugendamt ein, dessen Bericht meist entscheidende Bedeutung hat. In schwierigen Fällen kommt das Gericht nicht umhin, ein familienpsychologisches Gutachten einzuholen.

Besonders schwierig ist die Entscheidung dann, wenn beide Elternteile gleich geeignet erscheinen. Einen allgemeinen Erfahrungssatz, dass die Mütter besser zur Ausübung des Sorgerechts geeignet wären als Väter, gibt es nicht. Eine Festschreibung der traditionellen Rollenverteilung, dass Erziehung und Betreuung von Kindern Sache der Mutter sei, ist nicht mit dem Grundgesetz vereinbar. Gleichwohl ist festzustellen, dass in Grenzfällen weiterhin eher zu Ungunsten der Väter entschieden wird.

c) **Aufenthaltsbestimmungsrecht:** Das Sorgerecht ist zentraler Bestandteil der Elternschaft. Jeder Eingriff in das Elternrecht muss so gering wie möglich gehalten werden. Wo der vollständige Entzug der elterlichen Sorge nicht unbedingt notwendig ist, muss es bei der Regelung eines Teilaspektes bleiben. Meist ist dies das Aufenthaltsbestimmungsrecht, also das Recht, zu bestimmen, wo das Kind lebt. Dieses Recht umfasst auch die Möglichkeit, das Kind bei den Großeltern oder im Internat unterzubringen. Schrankenlos ist dieses Recht nicht. Der Sorgeberechtigte genießt Freizügigkeit, die aber in Hinblick auf das Kindeswohl pflichtgebunden ist.

Praxistipp:

Wenn Ihre Frau das Aufenthaltsbestimmungsrecht hat und mit dem Kind ins Ausland wechseln will, kann dies für das Familiengericht Anlass sein, seine frühere Entscheidung zu überprüfen. Sollte das Gericht zu dem Ergebnis kommen, dass durch den Wechsel wichtige Kindesinteressen gefährdet würden, kann es das Aufenthaltsbestimmungsrecht Ihrer Frau räumlich einzuschränken (z. B. auf das Bundesgebiet, eine Region oder eine Stadt) oder dieses auf Sie übertragen.

III. Umgangsrecht

Dem Elternteil, dem die elterliche Sorge – ganz oder teilweise – entzogen worden ist, steht ein Umgangsrecht mit dem Kind zu. Nach dem Gesetz steht diesem Recht eine Verpflichtung zum Umgang mit dem Kind gegenüber.

§ 1684 BGB. (1) Das Kind hat das Recht auf Umgang mit jedem Elternteil; jeder Elternteil ist zum Umgang mit dem Kind verpflichtet und berechtigt.
(2) Die Eltern haben alles zu unterlassen, was das Verhältnis des Kindes zum jeweils anderen Elternteil beeinträchtigt oder die Erziehung erschwert. Entsprechendes gilt, wenn sich das Kind in der Obhut einer anderen Person befindet.
(3) Das Familiengericht kann über den Umfang des Umgangsrechts entscheiden und seine Ausübung, auch gegenüber Dritten, näher regeln. Es kann die Beteiligten durch Anordnungen zur Erfüllung der in Absatz 2 geregelten Pflicht anhalten. (...)

Das BVerfG hat entschieden, dass es einem Elternteil zumutbar ist, zum Umgang mit seinem Kind verpflichtet zu werden. Es hat aber angemerkt, dass ein Umgang, der nur mit Zwangsmitteln durchgesetzt werden kann, in der Regel nicht dem Kindeswohl dient.

Das Umgangsrecht steht ebenso unter dem Schutz des Art. 6 GG wie das Sorgerecht. „Beide Rechtspositionen erwachsen aus dem natürlichen Elternrecht und der damit verbundenen Elternverantwortung und müssen von den Eltern zueinander respektiert werden. Der sorgeberechtigte Elternteil muss demgemäß den persönlichen Umgang des Kindes mit dem anderen Elternteil grundsätzlich ermöglichen" so das BVerfG.

Ein Ausschluss des Umgangsrechts ist nur dann zulässig, wenn dies zur Abwehr einer konkreten Gefährdung des Kindeswohls erforderlich ist. Diese Auffassung entspricht der Europäischen Menschenrechtskonvention, die bei rechtswidriger Versagung des Umgangsrechts sogar einen Anspruch auf Schmerzensgeld zulässt. Ein vollständiger Ausschluss des Umgangsrechts ist so gut wie nie berechtigt.

- Auch bei Annahme einer **Entführungsgefahr** ist ein Ausschluss nicht berechtigt, wenn dieser anders begegnet werden kann.
- Ein Verdacht des **sexuellen Missbrauchs** rechtfertigt üblicherweise ebenfalls keinen völligen Ausschluss des Umgangsrechts.
- Das Gleiche gilt, wenn der Vater im Verdacht **pädophiler Neigungen** steht.
- Eine **HIV-Infektion** rechtfertigt weder einen Ausschluss noch eine Einschränkung des Umgangsrechts.

In allen diesen Fällen kann der Gefahr auch mit weniger einschneidenden Maßnahmen begegnet werden, etwa durch Anordnung eines sog. betreuten Umgangs (§ 1684 BGB). Dann kann der umgangsberechtigte Elternteil sein Kind nicht zu sich nehmen, sondern nur in Gegenwart einer dafür bestimmten Aufsichtsperson treffen.

Wichtig!

Umgangssachen sind bei Gericht beschleunigt zu behandeln. Der erste Termin soll spätestens einen Monat nach Beginn des Verfahrens stattfinden (§ 155 FamFG).

1. Umfang des Umgangs

Der Umgang des nicht sorgeberechtigten Elternteils muss so bemessen sein, dass die Vater-Kind-Beziehung und das Liebesbedürfnis von Vater und Kind gelebt werden können.

Der Umfang hängt nicht zuletzt vom Alter des Kindes ab.

Auch im Verhältnis zu einem Säugling besteht ein Umgangsrecht, wenn auch nur für wenige Stunden.

Bei Kindern im Kindergartenalter kommen bereits Übernachtungen beim Vater in Betracht.

> **RECHTSPRECHUNG:** In einer Entscheidung vom 26. 9. 2006 hat das BVerfG das Urteil eines OLG aufgehoben, welches dem Vater eines dreijährigen, 130 km von ihm entfernt lebenden Kindes nur einen Umgang ohne Übernachtungen und ohne Ferienaufenthalte gewährt hatte.

Bei Schulkindern sind Übernachtungen üblich. Meistens wird ein Umgangsrecht für jedes zweite Wochenende gewährt. In vielen Fällen wird das Kind vom Umgangsberechtigten am Freitagmittag an der Schule abholt und am Sonntagabend zum anderen Elternteil zurückgebracht. Zusätzliche Umgangszeiten können für die Ferien gewährt werden. Häufig verbringen die Kinder eine Hälfte der Sommerferien mit der Mutter und die andere mit dem Vater.

Die „großen" Feiertage werden meist aufgeteilt. So ist es üblich, dem Umgangsberechtigten jeweils den 2. Weihnachtstag als Besuchstag zu geben.

Praxistipp:

Wenn eine Umgangsregelung besteht, sollte diese peinlich genau eingehalten werden. Der sorgeberechtigte Elternteil hat dafür zur sorgen, dass das Kind pünktlich abgeholt werden kann. Der umgangsberechtigte Elternteil hat das Kind pünktlich abzuholen und zurückzubringen. Verspätungen könnten leicht als Unzuverlässigkeit ausgelegt werden.

Das Umgangsrecht umfasst auch andere Formen des Kontakts. So stehen dem Umgangsberechtigten im Rahmen des üblichen auch **Telefonkontakte** mit dem Kind zu. **Briefe** zu schreiben steht ihm immer frei. Geschenke sind zulässig, soweit damit nicht das Erziehungsrecht des Sorgeberechtigten durchkreuzt wird.

Praxistipp:

Um Streitigkeiten zu vermeiden empfiehlt sich eine schriftliche Umgangsvereinbarung. Empfehlenswert ist insbesondere eine Regelung für den Fall, dass ein Umgangstermin (etwa wegen Krankheit des Kindes) ausfallen muss. Wenn klar ist, ob und ggf. wie dieser nachgeholt wird, ist manchem Streit der Boden entzogen. Vollstreckbar ist eine solche Regelung allerdings nicht. Vollstreckt werden können nur vor Gericht abgeschlossene Elternvereinbarungen.

Der Umgangsberechtigte muss das Kind in der Regel abholen und zurückbringen und hat auch die Kosten des Umgangs zu tragen. Dies betrifft nicht nur Verpflegungs- und etwaige Übernachtungskosten, sondern auch Fahrt- oder Flugkosten. Wenn die Mutter mit dem Kind in eine weit entfernte Stadt gezogen ist, können ganz erhebliche Kosten anfallen, die den Umgangsberechtigten möglicherweise finanziell überfordern.

RECHTSPRECHUNG: Der BGH hat inzwischen eine finanzielle Beteiligung des anderen Elternteils an den Kosten des Besuchselternteils anerkannt. Da es nicht nur ein Recht, sondern auch eine Pflicht zum Umgang gebe, seien die damit verbundenen Kosten unterhaltsrechtlich zu berücksichtigen. Der dem Unterhaltspflichtigen zu belassene Selbstbehalt sei gegebenenfalls entsprechend zu erhöhen.
Das OLG Koblenz hat entschieden, dass es der Mutter, die mit dem gemeinsamen Kind nach Südfrankreich umgezogen war, zuzumuten sei, sich in ihrer eigenen Lebensführung einzuschränken, um dem Vater die Mittel zur Ausübung seines Umgangsrechts zu belassen.

2. Umgangsprobleme

Umgangsprobleme sind in erster Linie Probleme zwischen den Eltern. Dieser von Psychologen, Mediatoren und Richtern gleichermaßen gern zitierte Satz findet sich in der Praxis immer wieder bestätigt. Tatsächlich haben Eltern, die zwischen der (beendeten) Paarbeziehung und der (fortbestehenden) Elternbeziehung klar zu unterscheiden verstehen, kaum Umgangsprobleme. Nicht selten gibt es Eltern, welche diese Unterscheidung nicht durchzuhalten vermögen. Von getrennt lebenden oder geschiedenen Eltern muss aber erwartet werden, dass sie ihre Beziehungsprobleme zurückstellen, wenn es um die Kinder geht. Kein Elternteil hat das Recht, den Konflikt, der zum Scheitern der Ehe geführt hat, auf das Kind zu projizieren. Schwierigkeiten zwischen den Eltern sind grundsätzlich kein Grund, den Umgang eines Elternteils auszuschließen, sondern vielmehr Anlass, diese zu überwinden.

Praxistipp:

Nach Möglichkeit sollten Sie eine einvernehmliche Umgangsregelung treffen. Dafür kann sich eine **Mediation,** also die Einschaltung eines speziell ausgebildeten neutralen Dritten, empfehlen. Mediation zwischen Paaren mit Kindern wird von öffentlichen Beratungsstellen angeboten, wo relativ geringe, meist einkommensabhängige, Kosten anfallen. Oft müssen aber lange Wartefristen in Kauf genommen werden. Daneben gibt es freiberufliche Mediatoren und Mediatorinnen, die oft meist kurzfristig zur Verfügung stehen, allerdings auch Ihren Preis haben. Wenn es nur um den Umgang geht, kommen neben Anwaltsmediatoren auch solche mit psychosozialem Hintergrund in Betracht, deren Stundensätze deutlich geringer sind. Auch die Jugendämter bieten Umgangsmediation an, dies sogar kostenfrei. In Hinblick auf die Vertraulichkeit ist allerdings problematisch, dass nur das jeweils zuständige Jugendamt in Anspruch genommen werden kann, welches im Falle eines Rechtsstreits später eine Stellungnahme an das Familiengericht abgeben muss. Dem wird in vielen Jugendämtern dadurch Rechnung getragen, dass in diesem Fall ein anderer Mitarbeiter beauftragt wird.
Die Auswahl des Mediators kann wesentlich für den Erfolg der Mediation sein. Beide Seiten sollten dem Mediator bzw. der Mediatorin gegenüber ein „gutes Gefühl" haben. In besonders schwierigen Fällen kann eine Co-Mediation (mit einem Mediatorenpaar) angeraten sein.

Dass eine gerichtliche Umgangsregelung besteht, bedeutet noch nicht, dass diese auch umgesetzt wird. Es kommt immer wieder vor, dass der Umgang mit mehr oder weniger fadenscheinigen Begründungen verweigert wird. Nicht ganz selten wird behauptet, dass das Kind sich weigere. Darauf kann sich der sorgeberechtigte Elternteil aber nicht berufen. Dieser hat vielmehr darauf hinzuwirken, dass das Kind den Umgangsberechtigten besucht. Wenn er dies nicht tut, kann seine erzieherische Eignung in Zweifel gezogen werden.

Praxistipp:

Wenn Ihre Frau die Umgangsregelung nicht einhält, sollten Sie Beweise dafür sichern und ggf. einen Zeugen hinzuziehen. Terminabsprachen sollten dann schriftlich (etwa per E-Mail) getroffen werden.

Bei verfeindeten Elternteilen besteht die Gefahr, dass dem Kind ein Feindbild vermittelt wird, welches dieses von sich aus nicht aufzulösen vermag. Auch dann, wenn der andere Elternteil nicht explizit schlecht gemacht wird, kann es zu einer Entfremdung kommen. Kinder sind bekanntlich sehr empfänglich für die Stimmungslagen ihrer Bezugspersonen. Dies gilt ganz besonders dann, wenn sie den Eindruck haben, einen Elternteil verloren zu haben und befürchten, vielleicht auch noch den anderen Elternteil zu verlieren. Dies kann dazu führen, dass sie sich mit dem Elternteil identifizieren, bei dem sie leben, und diesem gegenüber übergroße Loyalität bekunden, während sie dem anderen Elternteil gegenüber Ablehnung zeigen.

Wenn sich das Kind dem Umgang verweigert, muss das Familiengericht klären, was es mit der Weigerung auf sich hat. Es muss herausfinden, ob es für das Verhalten des Kindes verständliche und beachtliche Gründe gibt. Damit wird das Gericht vor eine schwierige Aufgabe gestellt.

PRAXISFALL: Ein Ehepaar, er Ende 30, sie Mitte 20, trennt sich nach vierjähriger Ehe. Die Frau zieht aus und nimmt die gemeinsame 4-jährige Tochter mit. Sie wendet sich einem anderen Mann zu, ausgerechnet dem besten Freund ihres Mannes. Nachdem der Umgang zwischen Vater und Tochter zunächst problemlos abgelaufen ist, kommt es später – das Sorgerecht ist der Mutter inzwischen allein übertragen worden – zu Schwierigkeiten. Die Frau weigert sich, die inzwischen sechs-jährige Tochter wie vereinbart jedes 2. Wochenende mit Übernachtung zum Vater zu lassen und beantragt eine neue Umgangsregelung ohne Übernachtung. Sie gibt an, die Tochter wolle überhaupt nicht mehr zum Vater, schon gar nicht über Nacht.
Ein familienpsychologisches Gutachten kommt zu folgendem Ergebnis:
Die Vater-Tochter-Beziehung sei intakt, ein nachvollziehbarer Grund für die Weigerung des Mädchens, zum Vater zu gehen, sei nicht erkennbar. Es bestehe eine auffällig enge Beziehung des Kindes zur Mutter, in deren Bett die Tochter noch als 13-jährige schlafe, eine zielgerichtete Beeinflussung der Tochter sei jedoch nicht erkennbar.

Der Fall beschäftigt die Gerichte über viele Jahre. Für das Kind wird ein Beistand bestellt. Die Akten wechseln wiederholt zwischen Familiengericht und Oberlandesgericht hin und her.
Im Ergebnis wird dem Vater ein Umgangsrecht mit Übernachtung gewährt, dessen Durchsetzung aber scheitert. Ein Zwangsgeld wird zwar vom Gericht angedroht, letztendlich aber nicht verhängt.

3. Durchsetzung des Umgangsrechts

Als letztes Mittel zur Durchsetzung des Umgangsrechts bleibt nur der Gang zu Gericht. Nicht immer ist es sinnvoll, gleich einen Zwangsgeldantrag zu stellen. Die Jugendämter haben auch die Aufgabe, bei der Herstellung von Besuchskontakten und bei der Ausführung gerichtlicher oder vereinbarter Umgangsregelungen Hilfestellungen zu leisten. Auch das Familiengericht kann um Vermittlung gebeten werden (§ 165 FamFG). Das Gericht wird beide Elternteile zu sich laden und darüber aufklären, welche Folgen es für das Kind haben kann, wenn es nur Kontakt mit einem Elternteil hat, und versuchen, den Umgang wieder in Gang zu bringen. Kommt es zu einer Einigung, kann diese gleich in Form eines gerichtlichen Vergleichs protokolliert werden.

Praxistipp:

Wenn Ihre Frau sich nicht an die Umgangsregelung hält, können Sie die Verhängung eines Zwangsgeldes beantragen. Handelt es sich um eine bei Gericht abgeschlossene Vereinbarung, müssen Sie zunächst deren familiengerichtliche Billigung beantragen. Nur eine gerichtlich gebilligte Umgangsvereinbarung ist vollstreckbar.

Eine Vereitelung des Umgangsrechts kann auch sorgerechtliche Konsequenzen haben. Wenn das Gericht zu der Auffassung gelangt, dass der sorgeberechtigte Elternteil sein Sorgerecht missbraucht, kann es diesem das Aufenthaltsbestimmungerecht entziehen und auf einen Pfleger übertragen (Umgangspflegschaft). In Fällen besonders hartnäckiger Verstöße kommt auch die Übertragung des Sorgerechts auf den anderen Elternteil in Betracht.

Praxistipp:

Wenn Ihre Frau Ihnen den vereinbarten Umgang mit Ihrem Kind verweigert, können Sie möglicherweise Schadensersatzansprüche geltend machen.
Der BGH hat dem umgangsberechtigten Vater einen Schadensersatzanspruch wegen verfehlter Aufwendungen für Flugticket und Ferienwohnung gegen die sorgeberechtigte Mutter zugesprochen, weil diese die gerichtliche Umgangsregelung vereitelt hatte.
Eventuell können Sie auch den Ehegattenunterhalt als Hebel einsetzen, dies allerdings nicht eigenmächtig, sondern durch Anträge bei Gericht. Nach der Rechtsprechung verschiedener Oberlandesgerichte kann die fortgesetzte massive Verletzung des Umgangsrechts zu einer Herabsetzung des Unterhalts führen.

4. Informationsrecht

Der Elternteil, bei dem das Kind nicht lebt, hat auch ein Recht darauf, über die persönlichen Verhältnisse des Kindes informiert zu werden.

§ 1686 BGB. Jeder Elternteil kann von dem anderen Elternteil bei berechtigtem Interesse Auskunft über die persönlichen Verhältnisse des Kindes verlangen.. . .

Auf Verlangen muss regelmäßig, etwa halbjährlich, Bericht über die allgemeine Entwicklung und auch über persönliche Interessen des Kindes erstattet werden. Dabei ist besonders auf den Gesundheitszustand und die schulische Entwicklung einzugehen. In der Regel sind Zeugniskopien beizufügen.

5. Umgangsrecht anderer Bezugspersonen

Neben den Eltern kann gemäß § 1685 BGB auch anderen Personen ein Umgangsrecht eingeräumt werden:

- Großeltern
- Geschwistern
- engen Bezugspersonen.

Damit soll sichergestellt werden, dass das Kind nicht willkürlich aus gewachsenen Bindungen herausgerissen wird und gewachsene Kontakte auch gegen den Willen des sorgeberechtigten Elternteil aufrechterhalten werden können. Dies ist nicht nur für Stief- und Pflegeeltern wichtig, sondern auch für Männer, die mit einer allein sorgeberechtigten Mutter und deren Kind zusammengelebt und dabei eine tiefere Bindung zu dem Kind aufgebaut haben. Dies kann auch der biologische Vater sein.

> **BEISPIEL:** Die 6-jährige Anita, deren Eltern beide berufstätig sind, ist regelmäßig nachmittags von ihrer Tante väterlicherseits betreut worden. Nach der Trennung der Eltern erhält ihre Mutter das alleinige Sorgerecht. Diese will mit ihrer Schwägerin, die sie ihrer Ansicht nach bevormundet hat, nichts mehr zu tun haben. Sie will auch nicht, dass Anita weiter Kontakt mit ihrer Tante hat. Ein Antrag der Tante auf Gewährung eines Umgangsrechts wird voraussichtlich Erfolg haben.

Ein besonderes Problem ist das Umgangsrecht des biologischen Vaters. Es gibt Fälle, in denen derjenige, der rechtlich als Vater eines Kindes gilt, im biologischen Sinne nicht dessen Vater ist. Nach dem Gesetz gilt bei Kindern, welche in einer Ehe geboren werden, der Ehemann der Mutter als Vater (§ 1592 BGB). Dies gilt auch dann, wenn sicher ist, dass ein anderer Mann der biologische Vater ist. Nach neuer Rechtslage kann der biologische Vater die Vaterschaft des rechtlich als Vater geltenden anfechten, unter drei Voraussetzungen (§ 1600 BGB):

- Eidesstattliche Versicherung, der Mutter beigewohnt zu haben
- keine sozial-familiäre Beziehung zwischen Kind und gesetzlichem Vater
- tatsächliche leibliche Vaterschaft.

Nach erfolgreicher Anfechtung gilt der biologische Vater auch rechtlich als Vater mit allen sorge- und umgangsrechtlichen Konsequenzen.

Nach einer Entscheidung des BVerfG kann der biologische Vater ein Umgangsrecht mit dem Kind erhalten, wenn zuvor eine familiengleiche Beziehung zum Kind bestanden hat.

Sorgerechts- und Umgangsvereinbarung (Muster)

Wir sind uns darüber einig, dass uns die elterliche Sorge für unser Kind Clara Ball, geboren am 12.12.2002, gemeinsam verbleiben soll und wir werden deshalb keine diesbezüglichen Anträge beim Familiengericht stellen.

Clara soll zukünftig ihren Lebensmittelpunkt bei der Mutter Anna Ball haben. Der Kontakt des Vaters Hans Ball zum Kind soll durch eine großzügige Umgangsregelung so intensiv wie möglich gestaltet werden. Auf der Grundlage unserer derzeitigen Lebensverhältnisse vereinbaren wir, zumindest für die nächsten sechs Monate, nachfolgende Besuchsregelung:

Hans Ball kann das Kind mindestens am 1. und 3. Wochenende eines Monats, jeweils von Freitagmittag bis Sonntagabend zu sich nehmen. Er wird das Kind i.d.R. freitags zwischen 18.00 Uhr und 19.00 Uhr bei Anna Ball abholen und sonntags spätestens bis ca. 18.00 Uhr zurückbringen.

Zu Weihnachten soll das Kind abwechselnd den Heiligen Abend und den ersten Weihnachtstag bei dem einen und den 2. Weihnachtstag bei dem anderen verbringen. So soll auch zu Ostern und Pfingsten verfahren werden.

Nach Ablauf von zwölf Monaten soll überprüft werden, ob sich die bisherige Regelung bewährt hat. Es kann dann die alte Regelung einverständlich fortgesetzt werden oder es müsste eine neue Regelung gefunden werden.

Wir sind uns darüber einig, dass gerichtliche Hilfe nur ausnahmsweise in Anspruch genommen werden soll. Bei Meinungsverschiedenheiten soll zunächst das Jugendamt als Vermittler eingeschaltet werden.

....

(Datum)   (Anna Ball)   (Hans Ball)

IV. Ehewohnung während der Trennung

Während des Bestehens der ehelichen Gemeinschaft steht die Ehewohnung beiden Eheleuten zur Verfügung. Bei Trennung stellt sich die Frage, was mit der Ehewohnung geschehen soll. Sollen beide ausziehen? Oder nur einer? Wer von beiden?

1. Begriff

Ehewohnung im Sinne des Gesetzes sind die Räumlichkeiten, welche die Ehegatten zu Wohnzwecken benutzt haben, also die gemeinsame Wohnung oder das gemeinsame Haus.

Praxistipp:

Vor dem Auszug sollte eine Regelung über Ehewohnung und Hausrat gefunden werden. Wenn Sie einfach ausziehen, bringen Sie sich in eine ungünstige Position. Ohne Zustimmung Ihrer Frau dürfen Sie nur Ihre persönlichen Gegenstände mitnehmen. Die Rückkehr in die Ehewohnung ist normalerweise nicht möglich. Wenn nicht binnen sechs Monaten die ernsthafte Absicht zur Rückkehr bekundet worden ist, wird unwiderlegbar vermutet, dass Sie Ihrer Frau das alleinige Nutzungsrecht überlassen haben (§ 1361a BGB).

2. Wohnungszuweisung

Wenn sich die Eheleute bei der Trennung nicht über die Ehewohnung einigen können, kann eine gerichtliche Regelung herbeigeführt werden.

> **§ 1361 b BGB.** (1) Leben die Ehegatten voneinander getrennt oder will einer von ihnen getrennt leben, so kann ein Ehegatte verlangen, dass ihm der andere die Ehewohnung oder einen Teil zur alleinigen Benutzung überlässt, soweit dies auch unter Berücksichtigung der Belange des anderen Ehegatten notwendig ist, um eine unbillige Härte zu vermeiden. Eine unbillige Härte kann auch dann gegeben sein, wenn das Wohl von im Haushalt lebenden Kindern beeinträchtigt ist.
> (2) Hat der Ehegatte, gegen den sich der Antrag richtet, den anderen widerrechtlich und vorsätzlich am Körper, der Gesundheit oder der Freiheit verletzt oder mit einer solchen Verletzung oder der Verletzung des Lebens widerrechtlich gedroht, ist in der Regel die gesamte Wohnung zur Nutzung zu überlassen. Der Anspruch auf Wohnungsüberlassung ist nur dann ausgeschlossen, wenn keine weiteren Verletzungen oder widerrechtliche Drohungen zu besorgen sind, es sei denn, dass dem verletzten Ehegatten das weitere Zusammenleben mit dem anderen wegen der Schwere der Tat nicht zuzumuten ist.
> (. . .)

Der Antrag auf Wohnungsüberlassung setzt nicht voraus, dass bereits die Scheidung der Ehe beantragt wird. Es handelt sich gerade um eine Regelung für die Zeit des Getrenntlebens. Ausreichend ist die Absicht eines Ehegatten, zukünftig getrennt zu leben. Die Regelung muss notwendig sein, um eine unbillige Härte zu vermeiden, die auch darin liegen kann, dass das Wohl der Kinder beeinträchtigt ist. In aller Regel wird dem Elternteil die Wohnung überlassen, der die Kinder betreut.

BEISPIEL: Die Eheleute Dankl sind seit zehn Jahren verheiratet. Sie haben eine fünfjährige Tochter und einen achtjährigen Sohn. Herr Dankl hat die Angewohnheit, sich jede Woche mehrere Male zu betrinken. Unter Alkohol neigt er dazu, seine Frau und seine Kinder in grober Weise zu beschimpfen. Einige Male hat er seine Frau auch bedroht.
Seine Frau möchte mit den Kindern allein in der Wohnung leben und stellt beim Familiengericht den Antrag, ihr diese zu überlassen.
Ihr Antrag dürfte Erfolg haben.

Wenn ein Ehegatte Gewalttätigkeiten begeht oder mit solchen droht, ist in aller Regel die gesamte Wohnung dem anderen zu überlassen. Es gilt der Grundsatz „Wer schlägt, geht".

Wichtig!

Auch in der schlimmsten Krise sind körperliche Übergriffe unbedingt zu unterlassen. Auf Provokationen muss besonnen reagiert werden. Alles, was nach Drohung aussehen könnte, muss vermieden werden. Auch ein „einmaliger Ausrutscher" kann unrevidierbare Folgen haben. Zwar hat die Wohnungszuweisung zu unterbleiben, wenn keine weiteren Übergriffe zu besorgen sind. Es dürfte aber schwierig sein, das Gericht davon zu überzeugen, dass keine Wiederholungsgefahr besteht.

Im Falle häuslicher Gewalt können nach dem 2002 in Kraft getretenen **Gewaltschutzgesetz** noch weitere Schutzmaßnahmen erfolgen:

■ Betretungsverbot für die Ehewohnung

■ Aufenthaltsverbot für den Umkreis der Wohnung

■ Aufenthaltsverbot für Kindergarten, Schule etc.

■ Kontaktverbot (auch für Kontakte per Post, Telefon, SMS)

■ Verbot des Zusammentreffens (Abstandszone).

Eine endgültige Regelung der Ehewohnung kann erst im Scheidungsverfahren erfolgen. Im Ergebnis kann es zu einer Mieterauswechslung kommen, so dass der Ehegatte, der bislang nicht Mieter war, das Mietverhältnis anstelle des anderen fortsetzt.

Praxistipp:

Wenn Sie (endgültig) ausziehen wollen, sollten Sie vorher die mietrechtlichen Verhältnisse regeln. Eine Vereinbarung mit dem Vermieter, dass Sie aus dem

Mietverhältnis entlassen werden, ist immer die beste Lösung. Diese setzt aber die Zustimmung des Vermieters voraus, die oft verweigert wird. In diesem Fall sollten Sie mit Ihrer Frau eine Freistellungsvereinbarung treffen. Sie bleiben dann zwar weiter dem Vermieter gegenüber für die Miete haftbar, können aber gegebenenfalls bei Ihrer Frau Rückgriff nehmen.

V. Haushaltsgegenstände während der Trennung

Mit der Trennung stellt sich auch die Frage, was mit dem Hausrat geschehen soll. Wer bekommt die Waschmaschine, die Wohnzimmermöbel oder die Musikanlage? Darüber können sich die Eheleute oft nicht einigen. Früher war die Verteilung der Haushaltsgegenstände in der HausrVO geregelt. Diese ist zum 1. 9. 2009 aufgehoben worden. Die Vorschriften zum Hausrat finden sich nun im BGB.

1. Begriff

Zu den Haushaltsgegenständen gehörig gelten alle Gegenstände, die der Einrichtung der Wohnung, der Führung des Haushalts oder der Freizeitgestaltung dienen, also

- Möbel, Lampen, Teppiche, Bilder
- Bettwäsche, Handtücher
- Geschirr, Besteck, Töpfe
- Waschmaschine, Staubsauger, Spülmaschine
- Fernseher, Musikanlage
- Bücher, CDs.

Keine Haushaltsgegenstände sind **persönliche Dinge** wie

- Ausweise
- Schmuck
- Geschenke
- Sportgeräte
- Hobbyartikel.

Auch ausschließlich **beruflich genutzte Gegenstände** fallen nicht unter die Haushaltsgegenstände, also

- beruflich genutzte Werkzeuge
- beruflich genutzter Computer
- Berufskleidung
- Fachbücher.

Nicht selten gibt es Streit um das Auto. Ob dieses zum Hausrat zählt, hängt von dessen Nutzung ab. Nur dann, wenn es von beiden Ehepartnern gemeinsam genutzt und regelmäßig für Einkauf, Kindertransport und Familienausflüge verwendet wird, kommt eine Berücksichtigung als Haushaltsgegenstand in Betracht. Wenn es nur von einem Ehepartner benutzt wird, scheidet diese Möglichkeit aus. Es ist dann als Vermögenswert beim Zugewinnausgleich zu berücksichtigen.

> **BEISPIEL:** Familie Eser hat einen Pkw-Kombi. Herr Eser ist damit fast jeden Morgen zur Arbeit gefahren. Dabei hat er meist die Kinder zur Schule mitgenommen. Gelegentlich hat er damit auch berufliche Erledigungen gemacht. In besonderen Fällen hat er das Auto seiner Frau überlassen und ist mit der Bahn zur Arbeit gefahren. Am Wochenende ist das Fahrzeug für die Familie genutzt worden.
> Nach der Trennung möchte Frau Eser das Fahrzeug für sich allein, um die Kinder zur Schule fahren und die wöchentlichen Großeinkäufe machen zu können. Sie stellt beim Familiengericht den Antrag, ihr das Auto zur Benutzung zuzuweisen.
> Ihr Antrag dürfte scheitern, da das Auto nicht ausschließlich Familienzwecken gedient hat.

2. Verteilung

Wenn keine Einigung gelingt, muss das Gericht entscheiden.

> **§ 1361 a BGB.** (1) Leben die Ehegatten getrennt, so kann jeder von ihnen die ihm gehörenden Haushaltsgegenstände von dem anderen Ehegatten herausverlangen. Er ist jedoch verpflichtet, sie dem anderen Ehegatten zum Gebrauch zu überlassen, soweit dieser sie zur Führung eines abgesonderten Haushalts benötigt und die Überlassung nach den Umständen des Falles der Billigkeit entspricht.

(2) Haushaltsgegenstände, die den Ehegatten gemeinsam gehören, werden zwischen ihnen nach den Grundsätzen der Billigkeit verteilt.
(3) Können sich die Ehegatten nicht einigen, so entscheidet das zuständige Gericht. Dieses kann eine angemessene Vergütung für die Benutzung der Haushaltsgegenstände festsetzen. (...)

Bei der Verteilung des Hausrats für die Zeit des Getrenntlebens geht es um eine vorläufige Nutzungszuweisung. Eine endgültige Regelung, die auch eine Übertragung des Eigentums beinhaltet, ist erst für die Zeit nach der Scheidung möglich.

Haushaltsgegenstände, die einem Ehegatten allein gehören, sind diesem in der Regel zu überlassen. Von diesem Grundsatz kann das Gericht in Ausnahmefällen abweichen. Es kann passieren, dass das Familiengericht einen Computer, den der Mann nicht braucht, der Ehefrau zur Nutzung überlässt, wenn ein Kind diesen für die Schule benötigt.

Gegenstände, die beiden Ehegatten gemeinsam gehören, sind nach Billigkeitsgesichtspunkten zu verteilen. Dabei sind die Bedürfnisse der Kinder zu berücksichtigen. Einrichtung und Ausstattung der Kinderzimmer wird das Gericht dem Elternteil zuweisen, bei dem die Kinder leben.

Hinweis:

Während des Getrenntlebens kann das Gericht zwar nur eine vorläufige Regelung treffen, diese kann aber die endgültige praktisch vorweg nehmen.

Nicht selten wird um das gemeinsame **Haustier** gestritten. Wer bekommt den Hund oder die Katze? Tiere gelten zwar rechtlich gesehen nicht als Sachen, werden aber weitgehend wie solche behandelt. Bei der Verteilung werden teilweise ähnliche Maßstäbe wie bei Kindern angelegt:

Wer hat sich bisher um das Tier gekümmert?

Wo findet das Tier günstigere Bedingungen?

Ein Umgangsrecht für den anderen Ehegatten hat die Rechtsprechung aber bislang immer verneint.

PRAXISFALL: In einem vor dem AG Niedernhausen geführten Rechtsstreit fanden die Parteien eine Lösung, die einer Umgangsvereinbarung sehr nahe kommt:

1. Der Hund wird freitags nachmittags zum Antragsteller gebracht und von diesem bis spätestens Montag früh der Antragsgegnerin zurückgebracht.
2. Die Woche über lebt der Hund bei der Antragsgegnerin.
3. Die Parteien sind sich darüber einig, dass die Kosten der Hundehaltung mit Ausnahme der Ernährung zwischen den Parteien hälftig geteilt werden.
4. Die Kosten des Verfahrens werden gegeneinander aufgehoben.

VI. Kindesunterhalt

Nach § 1601 BGB sind Verwandte in gerader Linie einander zum Unterhalt verpflichtet. Dabei haften zunächst die näheren Verwandten vor den entfernteren, also die Eltern vor den Großeltern. Dies gilt für minderjährige und auch für volljährige Kinder, solange diese unterhaltsbedürftig sind.

1. Rechtliche Vaterschaft

Die Unterhaltspflicht des Vaters ist eine Folge der Vaterschaft. Die rechtliche Vaterschaft muss nicht mit der biologischen zusammenfallen. Unterhaltspflichtig ist derjenige Mann, der rechtlich als Vater gilt. Bei Kindern, die in einer Ehe geboren wurden, ist dies der Mann, mit dem die Mutter des Kindes zur Zeit der Geburt verheiratet war (§ 1592 BGB).

Wenn die Beziehung zu Ende geht, wird bisweilen auch die tatsächliche Vaterschaft in Frage gestellt. Diese lässt sich zwar über einen Gentest schnell und kostengünstig klären. Der Schnuller des Kindes oder ein von diesem benutztes Kaugummi reichen als Material aus. Ein heimlicher Vaterschaftstest wird von der Rechtsprechung aber als Verstoß gegen das informationelle Selbstbestimmungsrecht des Kindes betrachtet. Das BVerfG hat in seiner Entscheidung vom 13. 2. 2007 die Unverwertbarkeit heimlicher Vaterschaftstests bestätigt, gleichzeitig aber auch das Recht des Vaters auf Klärung seiner Vaterschaft betont und den Gesetzgeber verpflichtet, dafür einen gangbaren Weg zu schaffen. Die gesetzliche Neuregelung ist inzwischen erfolgt. Jeder Mann, der rechtlich als Vater eines Kindes gilt, hat nun einen Anspruch auf Klärung der Vaterschaft. Die Mutter muss in die genetische Untersuchung einwilligen. Wenn sie die Einwilligung verweigert, kann diese vom Gericht ersetzt werden (§ 1598 a BGB).

Hinweis:

Wenn sich bei der Untersuchung herausstellt, dass keine biologische Vaterschaft besteht, ist damit die rechtliche Vaterschaft noch nicht aufgehoben. Es muss ggf. noch eine Vaterschaftsanfechtungsklage erhoben werden, was nur innerhalb von zwei Jahren ab Kenntnis der gegen die Vaterschaft sprechenden Umstände möglich ist.

Solange die Vaterschaft nicht rechtskräftig angefochten ist, ist der Vater im Rechtssinn unterhaltsrechtlich für das Kind verantwortlich.

2. Einkommensermittlung

Weil sich die Lebensstellung eines Kindes von dessen Eltern ableitet, richtet sich die Höhe des Kindesunterhalts nach deren Einkommen.

a) Auskunft: Wenn nur ein Elternteil Unterhalt zahlen muss, richtet sich die Unterhaltshöhe allein nach dessen Einkommen. Um die Höhe des Unterhaltsanspruchs feststellen zu können, muss das Einkommen bekannt sein. Auf Verlangen muss daher Auskunft über die Einkommensverhältnisse erteilt werden. Form und Inhalt der Auskunft werden beim Ehegattenunterhalt genauer dargestellt.

b) Einkommen: Zum Einkommen gehören grundsätzlich alle Einkünfte, solche aus nichtselbstständiger Tätigkeit genauso wie solche aus selbstständiger Tätigkeit.

Bei abhängig Beschäftigten sind neben dem Grundgehalt auch alle Nebenleistungen, Urlaubsgeld, Weihnachtsgeld genauso wie Zulagen, Ortszuschläge, Prämien und Sachbezüge anzusetzen. Soweit Nebenleistungen nicht monatlich abgerechnet werden, sind sie auf den Monat umzurechnen. Das **Bruttoeinkommen** ist um die Kosten für

Steuern und Sozialversicherung zu bereinigen. Vom so ermittelten **Nettoeinkommen** können berufsbedingte Aufwendungen mit 5 % (normalerweise mindestens 50 € und höchstens 150 €) in Abzug gebracht werden. Das Ergebnis ist **das bereinigte Nettoeinkommen**, welches bei der Unterhaltsberechnung zugrunde zu legen ist.

BEISPIEL:

Bruttolohn:	4.500,00 €
Lohnsteuer, LSt-Klasse 1 (2009)	– 1.065,92 €
Solidaritätszuschlag	– 58,63 €
Kirchensteuer	– 85,27 €
Rentenversicherung (19,9 %)	– 447,75 €
Arbeitslosenversicherung (4,2 %)	– 63,00 €
Krankenversicherung	– 290,33 €
Pflegeversicherung AN-Anteil (0,85 %)	– 35,83 €
Nettolohn:	2.453,27 €
5 % berufsbedingte Aufwendungen	– 122,66 €
Bereinigtes Nettoeinkommen	**2.330,61 €**

Probleme bei der Einkommensermittlung gibt es häufig bei selbstständigen Unterhaltspflichtigen, allerdings weniger beim Kindesunterhalt. Da die Düsseldorfer Tabelle (DT) mit Einkommensgruppen von jeweils ca. 400 € arbeitet, bleiben kleinere Differenzen über das zugrunde zu legende Einkommen beim Kindesunterhalt meist ohne Konsequenzen.

Hinweis:

Für den Kindesunterhalt ist immer das gesamte Einkommen zu berücksichtigen. Anders als für den Ehegattenunterhalt kommt es nicht darauf an, welches Einkommen die ehelichen Lebensverhältnisse geprägt hat.

c) Schulden: Schulden des Unterhaltspflichtigen können unterhaltsrelevant sein. Während der Ehe eingegangene Verbindlichkeiten sind in aller Regel zu berücksichtigen. Später aufgenommene Schulden können nur dann berücksichtigt werden, wenn diese unumgänglich waren. Berücksichtigungswürdige Schulden sind im Rahmen eines vernünftigen Tilgungsplanes mit angemessenen Raten abzuzahlen.

3. Leistungsfähigkeit

Nicht unterhaltpflichtig ist, wer außerstande ist, ohne Gefährdung seines eigenen Lebensbedarfs Unterhalt zu gewähren.

> **§ 1603 BGB.** (1) Unterhaltpflichtig ist nicht, wer bei Berücksichtigung seiner sonstigen Verpflichtungen außerstande ist, ohne Gefährdung seines angemessenen Unterhalts den Unterhalt zu gewähren. (...)

a) Selbstbehalt: Leistungsfähigkeit ist nur gegeben, wenn der Unterhaltspflichtige zur Unterhaltszahlung in der Lage ist, ohne seinen eigenen Lebensbedarf zu gefährden. Ein gewisser Betrag ist ihm als **Selbstbehalt** zu belassen. Dabei ist zu unterscheiden, ob es um den Unterhalt für minderjährige oder volljährige Kinder geht. Gegenüber minderjährigen Kindern gilt der („kleine") notwendige **Selbstbehalt.** Gegenüber volljährigen Kindern gilt grundsätzlich der („große") angemessene Selbstbehalt.

b) Mangelfall: Wenn das Einkommen des Unterhaltspflichtigen zwar über dem Selbstbehalt liegt, aber nicht ausreicht, um alle Unterhaltsansprüche zu erfüllen, liegt ein Mangelfall vor. Bei gleichrangigen Kindern ist der über dem Selbstbehalt liegende Teil des Einkommens gleichmäßig auf alle zu verteilen.

c) Privatinsolvenz: Bei Überschuldung kann eine Verpflichtung bestehen, ein Verbraucherinsolvenzverfahren zu beantragen. In Hinblick auf die Pfändungsfreigrenzen können sich dadurch größere Spielräume für den laufenden Unterhalt ergeben. Allerdings fallen Unterhaltsrückstände in die Insolvenz und können deshalb verloren gehen. Als Folge der Restschuldbefreiung nach sechs Jahren kann sich die Leistungsfähigkeit des Unterhaltspflichtigen langfristig verbessern.

4. Minderjährige Kinder

Wenn sich die Eltern trennen, spaltet sich deren Unterhaltspflicht gegenüber den minderjährigen Kindern auf.

a) **Natural- und Barunterhalt**: Wenn das Kind bei einem Elternteil lebt, leistet dieser sog. **Naturalunterhalt**, indem er Betreuungs- und Versorgungsleistungen erbringt, z. B. durch

- Unterkunftsgewährung
- Essen und Trinken
- Körperpflege
- Hausaufgabenbetreuung
- Kleidungsbeschaffung
- Krankenfürsorge.

Der andere Elternteil muss Unterhalt in Geld zahlen, in Form einer monatlich im Voraus zu zahlenden Geldrente. Diese Art des Unterhalts wird **Barunterhalt** genannt.

Praxistipp:

Unterhaltsansprüche sind unpfändbar, weshalb dagegen nicht mit anderen Forderungen aufgerechnet werden kann. Wenn es allerdings zu einer Überzahlung gekommen ist, können Sie evtl. eine Verrechnung vornehmen.

Wichtig!

Der Unterhaltsberechtigte hat Anspruch auf Titulierung seines Unterhaltsanspruchs, d. h. auf eine Urkunde, mit deren Hilfe er ggf. vollstrecken kann. Dies gilt auch dann, wenn der Unterhaltspflichtige bislang regelmäßig und pünktlich bezahlt hat. Bevor er den Unterhalt gerichtlich geltend macht, hat der Unterhaltsberechtigte dem Unterhaltsverpflichten Gelegenheit zu geben, auf kostengünstigste Weise einen Titel zu errichten. Für Minderjährige und Volljährige bis 21 Jahren können beim zuständigen Jugendamt kostenfreie Unterhaltstitel erstellt werden. Wenn der Unterhaltsberechtigte dem Unterhaltsverpflichteten keine Gelegenheit dazu gibt, sondern den Unterhalt sofort einklagt, können ihm die Kosten des Gerichtsverfahrens auferlegt werden.

b) **Beiderseitige Barunterhaltspflicht**: Wenn beide Elternteile gleichen Anteil an der Betreuung des Kindes haben, sind beide barunterhaltspflichtig. Dies ist z. B. dann der Fall, wenn das Kind in einer Pflegefamilie oder in einem Internat untergebracht ist. Das Gleiche gilt, wenn ein **Wechselmodell** praktiziert wird, das Kind also abwechselnd bei Vater und Mutter lebt. Dabei ist Voraussetzung, dass die Betreuung von jedem Elternteil wirklich je zur Hälfte übernommen wird.

> **RECHTSPRECHUNG:** Wenn das Kind während der Woche bei der Mutter und an den Wochenenden beim Vater lebt, bleibt letzterer allein barunterhaltspflichtig.
> Dies gilt nach einer Entscheidung des BGH auch dann, wenn das Kind zu etwa 36 % vom Vater betreut wird.

Bei beiderseitiger Barunterhaltspflicht wird der Unterhalt aus dem zusammengerechneten Einkommen beider Elternteile ermittelt. Der jeweilige Haftungsanteil wird nur aus dem Teil des Einkommens bestimmt, der den angemessenen („großen") Selbstbehalt von derzeit 1.100 € übersteigt. Dies folgt aus dem Grundsatz der gemeinsamen Unterhaltsverpflichtung und dem Prinzip, die Unterhaltslast gerecht zu verteilen. Wenn beide Elternteile barunterhaltspflichtig sind, tatsächlich aber einer allein für den Unterhalt aufkommt, erwächst diesem ein (sog. familienrechtlicher) Ausgleichsanspruch gegen den anderen.

> **BEISPIEL:** Herr und Frau Pauli haben einen 16-jährigen Sohn, der ein Internat besucht. Das bereinigte Nettoeinkommen von Herrn Pauli beträgt 2.000 €, das von Frau Pauli 1.500 €. Das über dem großen Selbstbehalt liegende Einkommen von Herrn Pauli beträgt 2.000 €./. 1.100 € = 900 €, das von Frau Pauli 1.500 €./. 1.100 € = 400 €.
> Die Unterhaltsquote von Herrn Pauli beträgt demnach ca. 70 %, die von Frau Pauli ca. 30 %.

c) Erhöhte Leistungsverpflichtung: Gegenüber minderjährigen Kindern und in Ausbildung befindlichen volljährigen Kindern bis 21 Jahren besteht eine **erhöhte Leistungsverpflichtung.** Alle Möglichkeiten müssen zur Erfüllung der Unterhaltschuld genutzt werden. Wenn sonst kein Unterhalt bezahlt werden kann muss das Vermögen verwertet werden. Auch Tätigkeiten weit unterhalb des Ausbildungsniveaus müssen angenommen werden. Wenn nötig müssen Überstunden geleistet und Nebenbeschäftigungen ausgeübt werden. Das

Recht der freien Berufswahl ist insoweit eingeschränkt. Innerhalb gewisser Grenzen wird sogar ein Orts- bzw. Berufswechsel für zumutbar gehalten. Im Falle der Arbeitslosigkeit müssen alle Anstrengungen unternommen werden, um eine Arbeitsstelle zu finden.

Es reicht nicht aus, sich arbeitslos zu melden. Daneben müssen laufend eigene Anstrengungen unternommen werden. Erforderlich sind Bewerbungen auf Stellenangebote und auch eigene Stelleninserate.

> **RECHTSPRECHUNG:** Die Gerichte setzen die Anforderungen sehr hoch an: Meist werden 20 bis 30 schriftliche Bewerbungen pro Monat auf alle Stellenanzeigen, die in Betracht kommen, gefordert.

Wenn der Unterhaltspflichtige diesen Anforderungen nicht nachkommt, wird ihm ein fiktives Einkommen in Höhe des nach Berufsqualifikation und Arbeitsmarktlage erzielbaren Einkommens zugerechnet. Dabei können die für das entsprechende Gewerbe geltenden Tarifverträge als Orientierungshilfe dienen.

Eine krankheitsbedingte Arbeitsunfähigkeit wird nur dann berücksichtigt, wenn alle zumutbaren Maßnahmen zur Wiederherstellung der Arbeitsfähigkeit unternommen werden.

Praxistipp:

> Richten Sie sich darauf ein, dass Sie über Ihre Bemühungen Rechenschaft ablegen müssen. Legen Sie deshalb eine Mappe an, in der sie die Stellenangebote und Ihre Bewerbungen darauf zeitlich geordnet abheften.

Wenn der unterhaltspflichtige Vater nach seiner Wiederverheiratung die Rolle eines **Hausmannes** übernimmt, führt dies gegenüber minderjährigen Kindern normalerweise nicht zu einer Entlastung beim Unterhalt. Die Haushaltsführung des unterhaltspflichtigen Elternteils in der neuen Ehe wird unterhaltsrechtlich nur dann hingenommen, wenn dies einen wichtigen Vorteil für die neue Familie mit sich bringt. Auch dann muss der Unterhaltspflichtige den Aufwand für Kinderbetreuung und Haushaltsführung auf das absolute Minimum beschränken und evtl. eine berufliche Nebentätigkeit ausüben. Ausnahmen kommen allenfalls dann in Betracht, wenn der Hausmann auch bei Einsatz seiner gesamten Arbeitskraft nur so wenig verdienen würde, dass er die Unterhaltsansprüche des Kindes bzw. der Kinder gar nicht erfüllen könnte.

d) Kleiner Selbstbehalt: Gegenüber einem minderjährigen Kind steht dem Unterhaltspflichtigen nur der **notwendige** („kleine") **Selbstbehalt** zu. Nach der Düsseldorfer Tabelle beträgt dieser

- für Erwerbstätige   900 €
- für nicht Erwerbstätige   770 €.

Hinweis:

Im kleinen Selbstbehalt ist ein Bertrag von 360 €, im großen ein Betrag von 450 € für Wohnkosten (einschließlich Nebenkosten und Heizung) enthalten. Wenn eine nicht vermeidbare Überschreitung der Wohnkosten vorliegt, kann ein höherer Selbstbehalt angesetzt werden. Nach BGH kann der Selbstbehalt auch dann erhöht werden, wenn dem Unterhaltspflichtigen sonst keine ausreichenden Mittel für den Umgang mit seinem Kind verblieben, das Umgangsrecht also sonst leerlaufen würde.

e) Mindestunterhalt: Die Grundlagen für die Bemessung des Kindesunterhalts haben sich zum 1.1.2008 geändert. Die früher geltende Regelbetragsverordnung ist aufgehoben worden. Die Unterhaltssätze orientieren sich nun am sächlichen Existenzminimum eines Kindes (Kinderfreibetrag). Da das Steuerrecht keine Differenzierung nach West- und Ostdeutschland kennt, spielt es nun keine Rolle mehr, in welchem Teil des Landes das Kind lebt. Die Berliner Tabelle für Kinder in den neuen Bundesländern ist deshalb entfallen. Die Höhe des Mindestunterhaltes wird durch den doppelten Kinderfreibetrag bestimmt. Der Unterhaltspflichtige muss ggf. beweisen, dass er nicht in der Lage ist, den Mindestunterhalt zu bezahlen.

§ 1612 a BGB. (1) Ein minderjähriges Kind kann von einem Elternteil, mit dem es nicht in einem Haushalt lebt, den Unterhalt als Prozentsatz des Mindestunterhalts verlangen. Der jährliche Mindestunterhalt richtet sich nach dem doppelten Freibetrag für das sächliche Existenzminimum eines Kindes (Kinderfreibetrag) gemäß § 32 Abs. 6 Satz 1 des Einkommensteuergesetzes. Er beträgt entsprechend dem Alter des Kindes

1. für die Zeit bis zur Vollendung des sechsten Lebensjahrs (erste Altersstufe) 85 Prozent,
2. für die Zeit vom siebten bis zur Vollendung des zwölften Lebensjahrs (zweite Altersstufe) 100 Prozent, und
3. für die Zeit vom 13. Lebensjahr an (dritte Altersstufe) 115 Prozent des doppelten Kinderfreibetrags. (. . .)

Die Anhebung des Kinderfreibetrages von 1.932 € auf 2.184 € (doppelter Freibetrag 4.368 €) zum 1. 1. 2010 hat zu einer entsprechenden Erhöhung der Mindestunterhaltssätze geführt:

- bis zur Vollendung des 6. Lebensjahrs von 281 € auf 317 €
- vom 7. bis zur Vollendung des 12. Lebensjahrs von 322 € auf 364 €
- vom 13. bis zur Vollendung des 17. Lebensjahrs von 377 € auf 426 €.

Hinweis:

Der Mindestunterhalt einer höheren Altersstufe ist ab Beginn des Monats maßgebend, in dem das Kind das betreffende Lebensjahr vollendet (§ 1612 a BGB).

f) Düsseldorfer Tabelle: Zur Bestimmung des angemessenen Unterhalts werden üblicherweise Unterhaltsleitlinien und Unterhaltstabellen herangezogen, die sich am Einkommen des Unterhaltspflichtigen orientieren. Das sind keine Rechtsnormen, sondern Hilfsmittel zur Bestimmung des angemessenen Unterhalts. Durchgesetzt hat sich die Düsseldorfer Tabelle *(abgedruckt im Anhang)*, die auf Koordinierungsgesprächen zwischen Richtern der Familiensenate der Oberlandesgerichte Düsseldorf, Köln und Hamm sowie der Unterhaltskommission des Deutschen Familiengerichtstages beruht und die Ergebnisse einer Umfrage bei allen Oberlandesgerichten berücksichtigt. Sie wird mindestens alle zwei Jahre aktualisiert, bei Bedarf öfter, und auch im Internet veröffentlicht (www.olg-duesseldorf.nrw.de unter dem Menüpunkt Service).

Die Düsseldorfer Tabelle nimmt eine Einteilung in zehn **Einkommensgruppen** vor.

Gruppe 1: bis 1.500 €

Gruppe 2: 1.501 € bis 1.900 €

Gruppe 3: 1.901 € bis 2.300 € usw.

Die Tabelle gilt für minderjährige und in Schulausbildung befindliche volljährige Kinder, die noch im Haushalt eines Elternteils leben. Die Kinder werden in vier **Altersstufen** eingeteilt:

1. 0–5 Jahre

2. 6–11 Jahre

3. 12–17 Jahre

4. über 18 Jahre.

Die Düsseldorfer Tabelle weist den monatlichen Unterhaltsbedarf aus, der nicht mit dem Zahlbetrag identisch ist. Mit Stand 1. 1. 2010 gelten folgende **Tabellensätze** (ohne Berücksichtigung des Kindergeldes):

	Nettoeinkommen	0–5 J.	6–11 J.	12–17 J.
1.	bis 1.500 €	317 €	364 €	426 €
2.	1.501–1.900 €	333 €	383 €	448 €
3.	1.901–2.300 €	349 €	401 €	469 €
4.	2.301–2.700 €	365 €	419 €	490 €
5.	2.701–3.100 €	381 €	437 €	512 €
6.	3.101–3.500 €	406 €	466 €	546 €
7.	3.501–3.900 €	432 €	496 €	580 €
8.	3.901–4.300 €	457 €	525 €	614 €
9.	4.301–4.700 €	482 €	554 €	648 €
10.	4.701–5.100 €	508 €	583 €	682 €

Die Sätze der Düsseldorfer Tabelle beziehen sich auf eine unterhaltsrechtliche **Standardsituation** mit zwei Unterhaltsberechtigten (ohne Rücksicht auf deren Rang). Bei einer größeren Anzahl von Unterhaltsberechtigten ermäßigt sich der Unterhaltsbetrag, bei einer geringeren erhöht sich dieser. Die Anpassung geschieht durch Einstufung in eine niedrigere bzw. höhere Einkommensgruppe. Zu berücksichtigen sind dabei nicht nur die gemeinsamen

Kinder aus der jeweiligen Ehe, sondern auch Kinder aus anderen Ehen oder Beziehungen.

BEISPIEL: Herr Kindl lebt von seiner Ehefrau getrennt. Die beiden gemeinsamen Kinder Anna (8) und Laura (2), leben bei der Mutter. Die Düsseldorfer Tabelle kommt ohne Modifikation zur Anwendung. Wenn Herr Kindl ein bereinigtes monatliches Nettoeinkommen von 2.000 € hat, fällt er in die Gruppe 3. Tabellensätze nach DT (ohne Berücksichtigung des Kindergeldes):

Für Anna (2. Altersstufe)   401 €
für Laura (1. Altersstufe)   349 €.

Abwandlung des BEISPIELS: Hätte Herr Kindl noch einen 15-jährigen nichtehelichen Sohn Mathias, wäre er als Unterhaltspflichtiger in eine niedrigere Einkommensgruppe einzustufen (Gruppe 2). Tabellensätze nach DT (ohne Berücksichtigung des Kindergeldes):

Für Mathias (3. Altersstufe)   448 €
für Anna (2. Altersstufe)   383 €
für Laura (1. Altersstufe)   333 €.

Die DT weist für jede Einkommensgruppe einen **Bedarfskontrollbetrag** aus, der dazu dient, eine ausgewogene Verteilung des zur Verfügung stehenden Einkommens sicher zu stellen. Er ist nicht mit dem Selbstbehalt identisch und weicht ab der 2. Einkommensstufe von diesem ab. Wenn der Bedarfskontrollbetrag beim Unterhaltspflichtigen unterschritten wird, ist der Tabellenbetrag der nächst niedrigeren Gruppe, deren Bedarfskontrollbetrag nicht unterschritten wird, anzusetzen.

Im Prinzip wird die DT auch von allen anderen Oberlandesgerichten angewandt. Einige benutzen ergänzend eigene Leitlinien. Große Bedeutung haben die (*ebenfalls im Anhang abgedruckten*) **Süddeutschen unterhaltsrechtlichen Leitlinien** (SL), auf die sich verschiedene Oberlandesgerichte länderübergreifend geeinigt haben:

- OLG Bamberg
- OLG Karlsruhe
- OLG München
- OLG Nürnberg
- OLG Stuttgart
- OLG Zweibrücken.

36

Die Süddeutschen Leitlinien verstehen sich als „Orientierungshilfe für den Regelfall". Sie werden meist zeitgleich mit der Düsseldorfer Tabelle aktualisiert und ebenfalls im Internet veröffentlicht (www.olg-stuttgart.de unter dem Menüpunkt Service).

Ansonsten ist die Rechtsprechung des jeweils zuständigen Oberlandesgerichts zu beachten:

- KG Berlin
- OLG Brandenburg
- OLG Braunschweig
- OLG Bremen
- OLG Dresden
- OLG Frankfurt a. M.
- OLG Hamburg
- OLG Hamm
- OLG Jena
- OLG Koblenz
- OLG Köln
- OLG Naumburg
- OLG Oldenburg
- OLG Rostock
- OLG Saarbrücken
- OLG Schleswig.

g) Kindergeld: Eltern erhalten vom Staat ein Kindergeld nach dem Kindergeldgesetz. Grundsätzlich wird dieses bis zum 16. Geburtstag des Kindes gewährt; wenn das Kind eine Ausbildung macht, auch länger. Die Kindergeldbeträge sind nach der Anzahl der Kinder gestaffelt:

- 1. Kind: 184 €
- 2. Kind: 184 €
- 3. Kind: 190 €
- ab 4. Kind: 215 €.

Das neue Unterhaltsrecht hat auch eine Änderung bei der Anrechnung des Kindergeldes gebracht.

> **§ 1612 b BGB.** (1) Das auf das Kind entfallende Kindergeld ist zur Deckung seines Barbedarfs zu verwenden:
> 1. zur Hälfte, wenn ein Elternteil seine Unterhaltpflicht durch Betreuung eines Kindes erfüllt (§ 1606 Abs. 3 Satz 2);
> 2. in allen anderen Fällen in voller Höhe. In diesem Umfang mindert es den Barbedarf des Kindes. (...)

Das Kindergeld wird zwar an die Eltern ausgezahlt, es handelt sich aber um eine zweckgebundene, für das Kind gezahlte Leistung. Nach der Trennung ist nur noch der Elternteil für das Kindergeld bezugsberechtigt, bei dem das Kind lebt. Dies ändert aber nichts daran, dass es sich um eine beiden Elternteilen gemeinsam zustehende Zuwendung handelt.

Anders als früher ist das Kindergeld nun zur Deckung des Barbedarfs zu verwenden (§ 1612 b BGB). Wenn ein Elternteil seine Unterhaltpflicht durch Betreuung des Kindes erfüllt, wirkt es beim Barunterhaltspflichtigen zur Hälfte bedarfsmindernd.

Für das 1. bis 2. Kind (Kindergeld je 184 €) ist vom Tabellenunterhalt jeweils ein Betrag von 92 € abzuziehen. Es ergeben sich folgende **Zahlbeträge**:

	Nettoeinkommen	0–5 J.	6–11 J.	12–17 J.
1.	bis 1.500 €	225 €	272 €	334 €
2.	1.501–1.900 €	241 €	291 €	356 €
3.	1.901–2.300 €	257 €	309 €	377 €
4.	2.301–2.700 €	273 €	327 €	398 €
5.	2.701–3.100 €	289 €	345 €	420 €
6.	3.101–3.500 €	314 €	374 €	454 €
7.	3.501–3.900 €	340 €	404 €	488 €
8.	3.901–4.300 €	365 €	433 €	522 €
9.	4.301–4.700 €	390 €	462 €	556 €
10.	4.701–5.100 €	416 €	491 €	590 €

Für das 3. Kind (190 €) ist ein Abzug von je 95,00 € vorzunehmen. Die Zahlbeträge ändern sich entsprechend.

	Nettoeinkommen	0–5 J.	6–11 J.	12–17 J.
1.	bis 1.500 €	222 €	269 €	331 €
2.	1.501–1.900 €	238 €	288 €	353 €
3.	1.901–2.300 €	254 €	306 €	374 €

usw.

Ab dem 4. Kind (215 €) ist ein Abzug von je 107,50 € vorzunehmen, was zu entsprechend veränderten Zahlbeträgen führt.

Wichtig!

Bei mehreren Kindern ist das Kindergeld in Höhe des auf das betroffene Kind entfallenden Betrages anzurechnen. Ein evtl. „Zählkindvorteil," die Erhöhung des Kindergeldes wegen eines weiteren, nicht gemeinsamen Kindes, bleibt unberücksichtigt.

BEISPIEL: Herr und Frau Sommer haben zwei gemeinsame Kinder, welche seit der Trennung bei der Mutter leben. Herr Sommer hat noch ein weiteres Kind aus einer anderen Beziehung.
Die Erhöhung des Kindergeldes für das dritte. Kind (190 €) bleibt unberücksichtigt. Anzurechnen ist nur das für die zwei gemeinsamen Kinder bezogene Kindergeld in Höhe von jeweils 184 €.

h) Mehrbedarf: Die Düsseldorfer Tabelle weist keine **Kranken- und Pflegeversicherungsbeiträge** für die Kinder aus. Sie geht davon aus, dass die Kinder bei einem Elternteil mitversichert sind. Ist dies nicht der Fall, sind die Kosten zusätzlich zu berücksichtigen.

Zum Mehrbedarf zählt der BGH neuerdings die **Kindergartenkosten.** Diese sind seiner Auffassung nach nicht mit den Unterhaltsssätzen der Düsseldorfer Tabelle abgegolten und zusätzlich zu berücksichtigen. Die in einer Kindereinrichtung anfallenden Verpflegungskosten hingegen sind nach BGH sehr wohl in den Tabellensätzen enthalten.

Auch andere regelmäßig anfallende Kosten, die über den üblichen Bedarf hinausgehen, sind in der Düsseldorfer Tabelle nicht berücksichtigt. Wenn diese sachlich begründet sind oder beide Elternteile damit einverstanden sind, handelt es sind um Mehrbedarf, z. B.

- Nachhilfekosten
- Privatschulkosten
- Hortkosten
- Kosten Tagesheimschule
- Folgekosten einer Behinderung.

Wichtig!

Für die Kosten des Mehrbedarfs haften beide Elternteile, also auch derjenige, der das Kind betreut. Die anfallenden Kosten sind im Verhältnis der Einkommensverhältnisse zu quoteln, wobei der angemessene Selbstbehalt (1.100 €) zu berücksichtigen ist.

BEISPIEL: Herr Anders hat ein bereinigtes Nettoeinkommen von 4.000 €. Frau Anders hat ein bereinigtes Nettoeinkommen von 2.000 €. Herr Anders zahlt als Unterhalt für den gemeinsamen 16-jährigen Sohn Andreas Unterhalt nach der Düsseldorfer Tabelle in Höhe von 522 € (614 € abzüglich hälftiges Kindergeld iHv. 92 €). Der Sohn, der bei der Mutter lebt, geht auf eine Privatschule, an die monatlich 400 € Schulgeld zu zahlen sind. Quotenberechnung für Mehrbedarf:

Herr Anders	
Einkommen	4.000 €
./. Kindesunterhalt	522 €
Resteinkommen	3.478 €
./. Selbstbehalt	1.100 €
Einsatzbetrag	2.378 €
Frau Anders	
Einkommen	2.000 €
./. Selbstbehalt	1.100 €
Einsatzbetrag	900 €
Anteil Herr Anders ca. 72,5 % von 400 € (gerundet)	= 290 €
Anteil Frau Anders ca. 27,50 % von 400 € (gerundet)	= 110 €

i) **Sonderbedarf**: Bei zusätzlichen Kosten, die nicht regelmäßig anfallen, sondern einen unregelmäßigen außergewöhnlichen Bedarf darstellen, spricht man von Sonderbedarf. Diese Kosten sind ebenfalls zusätzlich zu berücksichtigen, z. B.

- Kosten für die Erstausstattung eines Säuglings
- Kosten einer Klassenfahrt
- Unvorhergesehenen Krankheitskosten

- Kieferorthopädischen Behandlungskosten
- Anschaffungskosten für Behindertenfahrzeug.

RECHTSPRECHUNG: Konfirmationskosten sind nach Auffassung des BGH lange absehbar und deshalb kein Sonderbedarf.

Wichtig!

Wie beim Mehrbedarf haften auch beim Sonderbedarf beide Elternteile entsprechend ihrem Einkommen unter Berücksichtigung des angemessenen Selbstbehalts.

Praxistipp:

Beim Sonderbedarf sollten Sie soweit dies möglich ist versuchen, auf die Kosten Einfluss zu nehmen. So können Sie den Kieferorthopäden um eine Erläuterung der zu erwartenden Kosten bitten, um deren Angemessenheit einer Nachprüfung unterziehen zu können.

j) Eigenes Einkommen des Kindes: Wenn das minderjährige Kind eigene Einkünfte hat, so ist dies zu berücksichtigen und zwar je zur Hälfte beim Bar- und beim Naturalunterhalt. Jedem Elternteil wird rechnerisch die Hälfte des Betrages zugerechnet.

BEISPIEL: Der 16-jährige Auszubildende Karl erhält im ersten Ausbildungsjahr eine monatliche Ausbildungsvergütung von 590 €. Hält man ihm einen ausbildungsbedingten Mehrbedarf von 90 € zugute, bleiben anzurechnende Einkünfte von monatlich 500 €. Davon werden jeweils 250 € auf den Natural- und den Barunterhalt angerechnet. Sein Barunterhaltsanspruch reduziert sich also um 250 €.

k) Vereinfachtes Verfahren: Wenn keine außergerichtliche Einigung über den Kindesunterhalt gelingt, bleibt nur die Möglichkeit einer gerichtlichen Klärung. Üblicherweise wird dann eine Unterhaltsklage zum Familiengericht erhoben.

Für minderjährige Kinder gibt es daneben auch die Möglichkeit, den Unterhalt in einem vereinfachten Verfahren festsetzen zu lassen. Dieses entspricht in etwa dem Verfahren, welches früher zur Festsetzung des Unterhalts für nichteheliche Kinder galt. Da nichteheliche und eheliche Kinder inzwischen gleich gestellt sind, war es konsequent, das vereinfachte Verfahren auch auf eheliche Kinder auszudehnen. Im vereinfachten Verfahren kann der Unterhalt als Prozentsatz des jeweiligen Mindestunterhalts geltend gemacht werden, und zwar nach Altersstufen gestaffelt. Der Unterhalt ändert sich automatisch mit jeder Änderung der Düsseldorfer Tabelle. Das sonst erforderliche Verfahren zur Anpassung an die neue Düsseldorfer Tabelle entfällt. Auch wenn das Kind eine höhere Altersstufe erreicht, ändert sich der Unterhalt automatisch.

Das vereinfachte Verfahren hat sich in der Praxis trotz seiner Vorteile nicht durchgesetzt. Tatsächlich bietet es nicht nur Vorteile. Es müssen bestimmte, bei den Jugendämtern und den Amtsgerichten erhältliche, Formulare verwendet werden, deren Ausfüllung keine ganz leichte Aufgabe ist. Außerdem können nur Unterhaltsbeträge bis zur Höhe von 120 % des Mindestunterhalts geltend gemacht werden (entsprechend etwa 150 % des früheren Regelbetrages). Wenn davon auszugehen ist, dass der Unterhaltspflichtige einen höheren Unterhalt schuldet, kommt das vereinfachte Verfahren also ohnehin nicht in Betracht.

l) Umrechnung dynamischer Titel: Wenn der Kindesunterhalt nach altem Recht als Prozentsatz des jeweiligen Regelbetrages tituliert ist, werden die Unterhaltstitel ohne besonderes Verfahren im Wege der Umrechnung angepasst. An die Stelle des bisherigen Prozentsatzes vom Regelbetrag tritt ein neuer Prozentsatz vom Mindestunterhalt. Dieser ist für die jeweils maßgebliche Altersstufe gesondert zu bestimmen. Der Bedarf ergibt sich aus der Multiplikation des neuen Prozentsatzes mit dem Mindestunterhalt der jeweiligen Altersstufe und ist auf volle Euro aufzurunden (§ 1612 a BGB). Der Zahlbetrag ergibt sich aus dem um das jeweils anteilige Kindergeld verminderten bzw. erhöhten Bedarf. Nach DT gelten je nach Fallgestaltung folgende Umrechnungsmodi:

(a) Titel mit Anrechnung des hälftigen Kindergeldes: Bisheriger Zahlbetrag + $^1/_2$ Kindergeld × 100 / Mindestunterhalt der jeweiligen Altersstufe = Prozentsatz neu.

42

(b) Titel mit Hinzurechnung des hälftigen Kindergeldes: Bisheriger Zahlbetrag – $1/2$ Kindergeld $\times$ 100 / Mindestunterhalt der jeweiligen Altersstufe = Prozentsatz neu.

5. Volljährige Kinder

Die Unterhaltspflicht der Eltern für ihre Kinder endet nicht mit deren Volljährigkeit. Solange sich das Kind in Ausbildung befindet wird weiterhin Unterhalt geschuldet.

a) Beiderseitige Barunterhaltspflicht: Mit Volljährigkeit ist das Kind als Erwachsener zu behandeln. Ein Betreuungsbedarf entfällt damit. Beide Elternteile sind barunterhaltspflichtig. Die Haftungsquote richtet sich nach deren Einkommensverhältnissen. Wenn ein Elternteil kein Einkommen erzielt, aber als leistungsfähig anzusehen ist, ist ein fiktives Einkommen anzusetzen.

Bei der Bestimmung der Unterhaltsquote ist vom bereinigten Nettoeinkommen jedes Elternteils vorweg der angemessene („große") Selbstbehalt (1.100 €) abzuziehen. Nur das danach verbleibende Einkommen wird zur Berechnung der Unterhaltsquote herangezogen.

BEISPIEL: Berechnung des Kindesunterhaltes für die 18-jährige Therese Maser, die noch zur Schule geht.	
Bereinigtes Netto-Einkommen Herr Maser	2.500 €
Bereinigtes Netto-Einkommen Frau Maser	1.700 €
Unterhaltsbedarf aus 4.200 €	703 €
./. Kindergeld	184 €
Unterhaltsbetrag	519 €
Bereinigtes Netto-Einkommen Herr Maser	2.500 €
./. Selbstbehalt	1.100 €
Einsatzbetrag	1.400 €
Bereinigtes Netto-Einkommen Frau Maser	1.700 €
./. Selbstbehalt	1.100 €
Einsatzbetrag	600 €
Haftungsquote Herr Maser 70 % von 519 € = (gerundet)	363 €
Haftungsquote Frau Maser 30 % von 519 € = (gerundet)	156 €

b) Kindergeld: Wenn sich das Kind in Ausbildung befindet, kann das Kindergeld bis zur Vollendung des 25. Lebensjahres bezogen werden. Bei volljährigen Kindern wirkt das Kindergeld in voller Höhe bedarfsdeckend. Dies hat der BGH schon unter der alten Rechtslage so entschieden. Das neue Unterhaltsrecht hat dies gesetzlich so festgeschrieben (§ 1612 b BGB). Das Kindergeld wird bedarfsmindernd in Abzug gebracht, ehe die Haftungsquote ermittelt wird.

c) **Eigenes Einkommen bei Volljährigen:** Bei volljährigen Kindern ist deren Einkommen voll anzurechnen. Der Barunterhaltsbedarf verringert sich in Höhe der erzielten Einkünfte.

> **BEISPIEL:** Die 20-jährige Studentin Laura hat einen Bedarf von 750 €. Wenn sie ein eigenes Einkommen in Höhe von 250 € hat, verringert sich ihr Bedarf auf 500 €. Nur diesen Betrag kann sie als Unterhalt verlangen.

Eine Besonderheit gilt für Kinder, die eine Ausbildungsvergütung erhalten. Diese wird nicht voll angerechnet. Es wird zunächst ein ausbildungsbedingter Mehrbedarf berücksichtigt, der üblicherweise mit 90 € angesetzt wird. Nur der diesen übersteigende Restbetrag wird unterhaltsmindernd angerechnet.

d) **Kleiner/großer Selbstbehalt:** Kinder unter 21 Jahren, die noch im Haushalt eines Elternteils leben, werden unterhaltsrechtlich minderjährigen Kindern gleichgestellt, wenn Sie sich noch zur Schule gehen. Gegenüber diesen „privilegierten" volljährigen Kindern besteht die gleiche gesteigerte Erwerbspflicht wie minderjährigen Kindern gegenüber.

Es gilt auch der gleiche Selbstbehalt wie gegenüber minderjährigen Kindern, also der **notwendige** („kleine") **Selbstbehalt**

für Erwerbstätige   900 €

für nicht Erwerbstätige   770 €.

Gegenüber nicht privilegierten (d. h. nicht mehr im Haushalt eines Ehegatten wohnenden und in Schulausbildung befindlichen) volljährigen Kindern besteht keine erhöhte Leistungsverpflichtung. Es gilt die allgemeine Verpflichtung, durch vollschichtige Tätigkeit ausreichende Einkünfte zu erzielen. Es gilt der **angemessene** („große") **Selbstbehalt** von 1.100 €.

44

e) Privilegierte volljährige Kinder: Zur allgemeinen Schulausbildung privilegierter Kinder zählt der Besuch von

- Gymnasien
- Fachoberschulen
- Berufsfachschulen
- Berufsschulen
- Instituten zur Nachholung des Abiturs
- Instituten zur Erlangung der Fachhochschulreife.

Weil diese volljährigen Kinder noch keine eigene Lebensstellung zuerkannt haben, wird ihr Unterhalt nach der Rechtsprechung des BGH nicht nach festen Bedarfssätzen bemessen, sondern weiterhin am Einkommen der Eltern orientiert.

Die Düsseldorfer Tabelle weist für diese Gruppe eine eigene Altersstufe (ab 18) aus. Beide Elternteile haften anteilig entsprechend ihrem den großen Selbstbehalt übersteigenden Teil ihres Einkommens.

f) Nicht privilegierte volljährige Kinder: Befindet sich das volljährige Kind nicht mehr in Schulausbildung oder hat es einen eigenen Hausstand, wird von einer eigenen Lebensstellung ausgegangen und deshalb mit festen Bedarfsätzen gearbeitet, so bei **Studierenden.**

Nach § 1610 BGB umfasst der Unterhaltsanspruch die Kosten einer begabungsbezogenen Berufsausbildung. Dazu gehört ggf. auch ein Studium. Für ein „Parkstudium", mit dem die Zeit bis zur Aufnahme des Wunschstudiums überbrückt werden soll, besteht allerdings kein Unterhaltsanspruch. Das Gleiche gilt in der Regel für ein Zweitstudium.

Praxistipp:

Ausbildungsunterhalt besteht nur soweit Ihr Sohn bzw. Ihre Tochter das Studium zielstrebig und erfolgsorientiert absolviert. Dies bedeutet nicht zuletzt, dass die Regelstudienzeit einzuhalten ist. Sie haben Anspruch darauf, über den Fortgang der Ausbildung informiert zu werden. Sie können insbesondere verlangen, dass Ihnen regelmäßig aktuelle Immatrikulationsbescheinigungen und Leistungsnachweise vorgelegt werden.

Nach DT beträgt der angemessene Gesamtbedarf eines Studieren-den, der nicht bei seinen Eltern wohnt, monatlich 640 €. In diesem Betrag sind Kosten für Unterkunft (einschließlich Nebenkosten und Heizung) in Höhe von 270 € enthalten. Nicht berücksichtigt sind Kranken- und Pflegeversicherung sowie Studiengebühren. In den einzelnen Oberlandesgerichtsbezirken werden z. T. abweichende Be-darfssätze zugrunde gelegt.

Hinweis:

Bei der Ableistung von Wehr- oder Ersatzdienst wird davon ausgegangen, dass die vom Staat gewährten Leistungen den angemessenen Unterhalt si-cherstellen und deshalb kein Unterhaltsanspruch besteht.

VII. Ehegattenunterhalt während der Trennung

Wenn sich ein Ehepaar trennt, stellt sich auch die Frage nach den gegenseitigen Unterhaltsansprüchen. An die Stelle der beiderseitigen Verpflichtung, zum Unterhalt der Familie beizutragen (Familienun-terhalt) tritt ein einseitiger Unterhaltsanspruch des einen Ehegatten gegen den anderen (Trennungsunterhalt).

Beim Ehegattenunterhalt sind immer folgende Fragen zu prüfen:

(1) Wie hoch ist der Unterhaltsbedarf?

(2) Ist der Unterhalt verlangende Ehegatte bedürftig?

(3) Ist der in Anspruch genommene leistungsfähig?

(4) Ist der Unterhalt zu begrenzen oder zu versagen?

Der Unterhalt ist in Form einer monatlich im Voraus zu zahlenden Geldrente zu leisten.

Hinweis:

Überzahlter Unterhalt kann nur zurückgefordert werden, wenn dieser unfrei-willig geleistet worden ist, etwa aufgrund einer später abgeänderten Ge-richtsentscheidung. Freiwillige Überzahlungen können nicht zurückverlangt werden.

Unterhalt für die Vergangenheit kann nur verlangt werden, wenn und soweit der Unterhaltspflichtige in Verzug gesetzt worden ist. Dies kann dadurch geschehen, dass Unterhalt in bestimmter Höhe angemahnt wird. Dem steht gleich, dass der Unterhaltsberechtigte zwecks Berechnung seiner Ansprüche vom Unterhaltspflichtigen Auskunft über dessen Einkünfte fordert.

Praxistipp:

Wenn Ihre Frau zunächst keinen Unterhalt verlangt und es sich später anders überlegt, brauchen Sie nicht zu befürchten, für die inzwischen verstrichene Zeit in Anspruch genommen zu werden, es sei denn, Ihre Frau hat den Unterhalt in einer bestimmten Höhe angemahnt oder Sie aufgefordert, Auskunft über Ihr Einkommen zu geben.

1. Einkommensermittlung

Für die Höhe des Ehegattenunterhalts kommt es auf das Einkommen des Unterhaltspflichtigen an.

a) Auskunft: Der Unterhaltspflichtige muss auf Verlangen des Unterhaltsberechtigten **Auskunft** über sein Einkommen geben. Letzterer kann seinen Auskunftsanspruch erforderlichenfalls gerichtlich durchsetzen. Unter bestimmten Voraussetzungen kann das Gericht bei Arbeitgebern, Sozialleistungsträgern, Finanzämtern und anderen Stellen Auskünfte und Belege anfordern (§ 236 FamFG).

Bei Einkünften aus **nichtselbstständiger** Tätigkeit bezieht sich die Auskunftspflicht auf den Zeitraum der letzten zwölf Monate. Beizufügen sind die dazugehörigen Gehaltsabrechnungen. Soweit daneben nur unwesentliche andere Einnahmen, z. B. geringe Zinserträge, erzielt werden, bleibt es bei diesem Auskunftszeitraum.

Erzielt der Unterhaltspflichtige Einkünfte aus **selbstständiger Tätigkeit,** gewerblicher oder freiberuflicher Art, gelten andere Grundsätze. Weil bei geschäftlichen Einnahmen mit erheblichen Schwankungen zu rechnen ist, ist ein Durchschnittswert zu ermitteln. Zugrunde gelegt wird üblicherweise ein Dreijahreszeitraum. In besonderen Fällen kann auch ein fünfjähriger Zeitraum angemessen sein. Wenn der Gewinn über Bilanzen mit Gewinn- und

Verlustrechnung ermittelt wird sind diese beizufügen. Geschieht dies über Einnahme-/Überschussrechnungen, sind diese vorzulegen, evtl. zusammen mit betriebswirtschaftlichen Auswertungen. In jedem Fall sind die Steuerbescheide und Steuererklärungen mit Anlagen beizufügen.

Praxistipp:

Die Auskunft ist schriftlich zu erteilen, in Form einer unterschriebenen, systematischen Aufstellung. Bedenken Sie, dass Sie deren Richtigkeit unter Umständen eidesstattlich zu versichern haben.

b) Einkommen: Zum Einkommen zählen sämtliche Einkunftsarten nach § 2 EStG:

- Einkünfte aus nicht selbstständiger Tätigkeit

- Einkünfte aus Gewerbebetrieb

- Einkünfte aus selbstständiger Tätigkeit

- Einkünfte aus Vermietung und Verpachtung

- Einkünfte aus Landwirtschaft und Forsten

- Kapitaleinkünfte

- sonstige Einkünfte.

Ebenfalls zum Einkommen zählen:

- Renten

- Arbeitslosengeld

- Krankengeld

- Elterngeld (teilweise).

Nicht zum Einkommen zählen:

- Sozialleistungen

- Unterhaltsvorschuss

- Wohngeld

- freiwillige Leistungen Dritter.

c) **Nichtselbstständige Tätigkeit:** Bei Einkünften aus **nichtselbstständiger Tätigkeit** sind grundsätzlich alle Leistungen anzusetzen. **Urlaubs-** und **Weihnachtsgeld** sind genauso einzubeziehen wie Arbeitgeberanteile für vermögenswirksame Leistungen. **Jubiläumszahlungen** und **Tantiemen** sind ebenfalls zu berücksichtigen. **Abfindungen** haben Lohnersatzfunktion und sind deshalb als Einkünfte zu behandeln, allerdings auf einen längeren Zeitraum umzurechnen, bei größeren Beträgen auf mehrere Jahre.

Soweit **Überstunden** im Rahmen des Üblichen geleistet werden, sind diese ebenfalls in die Einkommensberechnung einzubeziehen.

Praxistipp:

Wenn Sie längere Zeit Überstunden über das übliche Maß hinaus geleistet haben, wird deren Anrechnung nur schwer zu vermeiden sein. Wenn Sie die Trennung kommen sehen, sollten Sie deshalb darauf achten, Ihr Überstundenkonto nicht zu weit anwachsen zu lassen.

Auch **Spesen** und **Reisekosten** gehören unterhaltsrechtlich zum Einkommen. Wenn die Spesen von tatsächlichen Aufwendungen abhängen, können diese in Abzug gebracht werden. Bei steuerfreien Spesen ist dies in der Regel anzunehmen. Bei steuerpflichtigen Spesen ist dies in aller Regel nicht anzunehmen. Zu berücksichtigen sind eventuelle Ersparnisse der privaten Lebenshaltung.

Trinkgelder zählen ebenfalls zum Einkommen. Ihre Höhe kann vom Familiengericht geschätzt werden. **Sachbezüge** sind mit dem Geldbetrag zu bewerten, der sonst dafür zu zahlen wäre. Dies gilt namentlich für den Nutzungsvorteil aus der Überlassung eines **Firmenfahrzeugs** für private Zwecke, der von den Gerichten unterschiedlich gehandhabt wird. Einige Gerichte folgen der steuerlichen Betrachtung und gehen von 1 % des Anschaffungswertes aus, andere stellen auf die ADAC-Kostentabelle ab.

Auch die Vorteile, die Werksangehörigen aus dem Bezug verbilligter Kraftfahrzeuge („**Jahreswagen**") erwachsen, stellen vermögenswerte Vorteile dar.

Das unter Einbeziehung dieser Gesichtspunkte gewonnene Ergebnis stellt das unterhaltsrechtliche Einkommen dar.

Für die Unterhaltsbestimmung ist das **bereinigte Nettoeinkommen** maßgeblich. Dieses wird ermittelt, indem das Einkommen um folgende Posten bereinigt wird:

- Einkommens- und Kirchensteuer
- Vorsorgeaufwendungen für Alter und Krankheit
- berufsbedingte Aufwendungen
- Kinderbetreuungskosten und Kinderbetreuungsbonus
- berücksichtigungsfähige Schulden.

Die Kosten für Steuern und Sozialversicherung sind beim auf den Gehaltsabrechnungen ausgewiesenen Nettoeinkommen bereits berücksichtigt, die **berufsbedingten Aufwendungen** müssen noch in Abzug gebracht werden. Nach der Düsseldorfer Tabelle können diese pauschal mit 5 % des Nettoverdienstes angesetzt werden. Wenn die tatsächlichen Aufwendungen höher sind, können diese in nachgewiesener Höhe in Ansatz gebracht werden.

d) Andere Einkunftsarten: Schwieriger ist die Einkommensermittlung, wenn der Unterhaltspflichtige andere Einkünfte als solche aus nichtselbstständiger Tätigkeit erzielt.

Einkünfte aus **Gewerbebetrieb** resultieren aus einer unternehmerischer Tätigkeit als

- gewerbliches Einzelunternehmen
- Handwerksbetrieb
- Handelsvertreter
- Gesellschafter einer Personengesellschaft.

Bemessungsgrundlage ist der Gewinn, der entweder (bei größeren Unternehmen) anhand des Unterschiedes zu Beginn und zum Ende des Wirtschaftsjahres (Bilanz) ermittelt wird oder (bei kleineren Unternehmen) aus dem Überschuss der Betriebseinnahmen über die Betriebsausgaben (Einnahmen-Überschuss-Rechnung).

Einkünfte aus **selbstständiger Tätigkeit** sind solche aus einer Tätigkeit etwa als

- Rechtsanwalt (selbstständig)
- Notar (selbstständig)
- Steuerberater (selbstständig)
- Wirtschaftprüfer (selbstständig)
- Arzt (selbstständig)
- Heilpraktiker (selbstständig)
- Architekt (selbstständig)
- Ingenieur (selbstständig).

Bemessungsgrundlage ist der Gewinn. Weil Gewinneinkünfte aus Gewerbebetrieben erfahrungsgemäß schwanken, wird das Einkommen aus dem Durchschnitt mehrerer (üblicherweise drei) Jahre ermittelt. Wenn Bilanzen erstellt werden, wird der Gewinn über einen Betriebsvermögensvergleich der betroffenen Jahre ermittelt. **Wenn Einnahmen-Überschuss-Rechnungen** vorliegen, wird der Gewinn durch Gegenüberstellung von Ertrag und Aufwand errechnet.

Der Betriebsgewinn wird wie Bruttoeinnahmen aus nichtselbstständiger Tätigkeit behandelt. Um ein dem Nettoeinkommen eines abhängig Beschäftigten vergleichbares Ergebnis zu erhalten, werden Beträge für Steuer, Krankenversicherung und Altersvorsorgung abgezogen. Das so gewonnene Ergebnis stellt das bereinigte Nettoeinkommen dar. Die zusätzliche Berücksichtigung einer Pauschale für berufsbedingte Aufwendungen kommt bei Selbstständigen normalerweise nicht in Betracht, da diese bereits in der steuerlichen Berechnung berücksichtigt sind.

Praxistipp:

Für einen Selbstständigen ist es besonders wichtig, die Folgen einer Trennung beizeiten zu bedenken. Ungünstig wäre es, wenn Sie größere betriebliche Anschaffungen zurückstellen und erst nach der Trennung tätigen würden.

Wichtig!

Steuerrecht und Unterhaltsrecht sind nicht deckungsgleich. Bei Steuervorteilen ist immer zu prüfen, wie diese unterhaltsrechtlich zu bewerten sind. Ausgaben, die steuermindernd wirken, sind nicht unbedingt auch unterhaltsmindernd relevant. Sämtliche Positionen, die der Vermögensbildung dienen, sind unterhaltsrechtlich nicht zu berücksichtigen.

Folgende weitere Einschränkungen sind zu beachten:

- Abschreibungen von Wirtschaftsgütern sind nur zu berücksichtigen, wenn die Anschaffungskosten dem Wertverzehr entsprechend auf mehrere Jahre umgelegt werden.
- Degressive Abschreibungen sind nur in Höhe der linearen Abschreibungen zu berücksichtigen.
- Abschreibungen für Gebäude sind nach BGH mangels Wertverlust unterhaltsrechtlich nicht zu beachten.

Einschränkungen gibt es auch bei Luxusanschaffungen, die in keinem Verhältnis zu den betrieblichen Erfordernissen stehen (z. B. Kunstgegenstände oder Kfz-Oldtimer).

Einkünfte aus **Vermietung und Verpachtung** erfassen die Erträge aus einer Fremdnutzung von unbeweglichen Gegenständen (Immobilien). Bewegliche Gegenstände (z. B. Kraftfahrzeuge) fallen nicht darunter.

Als Werbungskosten sind Instandhaltungs- und Modernisierungskosten sowie ggf. Kosten für Hausverwaltung, Versicherungen etc. absetzbar. Finanzierungskosten sind nur bezüglich der Zinsen absetzbar. Tilgungsleistungen sind unterhaltsrechtlich als Vermögensbildung anzusehen und nicht zu berücksichtigen.

Einkünfte aus **Land- und Forstwirtschaft** sind solche aus

- Ackerbau
- Milchwirtschaft
- Tierzucht
- Weinbau etc.

Ausgangspunkt für die Unterhaltsberechnung ist ebenfalls der Gewinn. Soweit keine Buchführungspflicht besteht, kann der Gewinn über eine Einnahme-Überschuss-Rechnung ermittelt werden. Bei Kleinbetrieben, insb. Nebenerwerbsbetrieben, wird der Gewinn anhand von Durchschnittssätzen bestimmt.

Einkünfte aus **Kapitalvermögen** sind regelmäßige Erträge aus der Anlage von Geldvermögen, z. B. aus

- Bankguthaben
- Spareinlagen
- Bausparguthaben
- Wertpapieren
- Investmentfonds.

Als Werbungskosten können Bankspesen und Depotgebühren abgesetzt werden. Bei Zinseinkünften über dem Freibetrag ist die Zinsabschlagsteuer zu berücksichtigen.

e) Schulden: Vor der Trennung entstandene Schulden sind unterhaltsmindernd zu berücksichtigen, wenn sie die ehelichen Lebensverhältnisse geprägt haben. Dies gilt besonders für gemeinsame **Anschaffungskredite,** z. B. für einen PKW. Ohne Bedeutung ist dabei, wer den angeschafften Gegenstand nach der Trennung behalten hat.

> **BEISPIEL:** Herr und Frau Moretti haben sich eine neue Wohnzimmereinrichtung gekauft, die mit einem Bankkredit über 5.000 € finanziert worden ist, für den monatliche Raten in Höhe von 200 € zu zahlen sind. Wenn Herr Moretti diese allein bedient, mindert sich sein unterhaltsrelevantes Einkommen entsprechend.

Nach der Trennung entstandene Schulden sind nur ausnahmsweise zu berücksichtigen, nämlich dann, wenn diese als notwendig und unausweichlich anzusehen sind. Verbindlichkeiten für leichtfertige Zwecke, z. B. Spielschulden, sind niemals abziehbar.

Bei Krediten für ein für die Familie angeschafftes **Wohneigentum** sind die Zinszahlungen generell zu berücksichtigen, die Tilgungsleistungen in der Regel nur bis zur Zustellung des Scheidungsantrags (Endstichtag für den Zugewinnausgleich). Bei Wohneigentum im Alleineigentum eines Ehegatten würde sonst eine einseitige Vermögensbildung zu Lasten des Unterhalts erfolgen. Bei Wohneigentum im hälftigen Miteigentum beider Ehegatten würde sich allerdings kein einseitiger Vorteil ergeben.

2. Unterhaltsbedarf

Das Maß des Unterhalts bestimmt sich nach den ehelichen Lebensverhältnissen. Der volle Bedarf wird durch die Hälfte der während der Ehe zur Verfügung stehenden Mittel bestimmt. Maßgeblich sind die Einkommensverhältnisse, welche die Ehe geprägt haben („prägendes Einkommen"). Auch die Schulden aus der Zeit des Zusammenlebens spielen eine Rolle, soweit diese zu einer Reduzierung des zur Verfügung stehenden Einkommens geführt haben.

Anspruch auf Unterhalt besteht nur, wenn der Unterhaltsbedarf nicht aus eigenen Einkünften gedeckt werden kann. Die Trennung führt zu einer gesteigerten Eigenverantwortung der Ehegatten, ihren Unterhaltsbedarf selbst zu decken. Wenn eigene Einkünfte erzielt werden, sind diese grundsätzlich bedarfsmindernd zu berücksichtigen. Anzurechnen sind auch Einkünfte aus Vermögen, z. B. Zinsen. Eine Verpflichtung, den Vermögensstamm anzugreifen, besteht während der Trennung nur in Ausnahmefällen. Nicht als bedürftig gilt, wer seine Bedürftigkeit mutwillig herbeigeführt hat. Davon ist bei Alkohol- und Drogenabhängigkeit dann auszugehen, wenn die gebotenen Behandlungsmaßnahmen unterlassen werden.

Ob und in welcher Höhe ein Unterhaltsbedarf besteht, hängt auch vom Umfang der **Erwerbsobliegenheit** ab. Übt ein Ehegatte während des Zusammenlebens mit Zustimmung des anderen keine Berufstätigkeit aus, besteht normalerweise im ersten Jahr der Trennung weiterhin keine Obliegenheit.

Hinweis:

Bei einer sehr kurzen, kinderlosen Ehe (bis zu zwei Jahren) kann die Übergangsfrist kürzer anzusetzen sein.

Spätestens nach Ablauf von zwölf Monaten besteht grundsätzlich eine Erwerbsobliegenheit. Diese kann durch die Betreuung gemeinsamer Kindern eingeschränkt sein. Zum 1. 1. 2008 sind die Anforderungen an die Erwerbstätigkeit des betreuenden Elternteils erheblich verschärft worden. Geschiedenen Ehefrauen steht Betreuungsunterhalt zu bis das Kind drei Jahre alt ist (§ 1570 BGB), darüber hinaus nur, wenn dies der Billigkeit entspricht. Dieser Gesichtspunkt ist auch für getrenntlebende Ehefrauen von Bedeutung.

Das neue Unterhaltsrecht stellt eine Abkehr vom früher geltenden **Altersphasenmodell** dar, das die Erwerbsobliegenheit der betreuenden Mutter nach dem Alter der Kinder gestaffelt hatte. Nach der Rechtsprechung des OLG München bestand eine Verpflichtung zur Aufnahme einer Halbtagstätigkeit, wenn das Kind in die 3. Schulklasse kam und eine Verpflichtung zur Aufnahme einer Volltagstätigkeit, wenn das jüngste Kind 15 Jahre alt wurde.

Nach aktueller Rechtslage kommt es darauf auf, wie es um die Möglichkeiten der Fremdbetreuung bestellt ist. Wenn es geeignete und mit dem Kindeswohl vereinbare Betreuungsmöglichkeiten gibt, müssen diese grundsätzlich genutzt werden.

Praxistipp:

Ein Streit um den Ehegattenunterhalt lässt sich bisweilen über den Kindesunterhalt entschärfen. Da zunächst der Kindesunterhalt zu bestimmen ist und der Ehegattenunterhalt erst nach Abzug des Kindesunterhalts zu berechnen ist, ist ein höherer Kindesunterhalt gleichbedeutend mit einem geringeren Ehegattenunterhalt. Wenn Sie den Kindesunterhalt erhöhen, ist Ihre Frau vielleicht bereit, beim Ehegattenunterhalt nachzugeben.

3. Leistungsfähigkeit

Auch der Ehegattenunterhalt steht unter dem Vorbehalt der Leistungsfähigkeit. Da der Kindesunterhalt vorrangig ist, steht nur der nach dessen Abzug verbleibende Betrag für den Ehegattenunterhalt zur Verfügung. Wie der BGH klargestellt hat, ist dabei jeweils der Zahlbetrag, der sich nach Berücksichtigung des Kindergeldes ergibt, anzusetzen, also nicht der in der Düsseldorfer Tabelle ausgewiesene Betrag (Tabellenbetrag).

a) Selbstbehalt: Der Unterhaltspflichtige ist nur leistungsfähig, wenn sein bereinigtes Nettoeinkommen höher ist als sein **Selbstbehalt.** Auf eine selbstverschuldete Leistungsunfähigkeit kann er sich allerdings nicht berufen. Dies gilt bei der freiwilligen Aufgabe des Arbeitsplatzes, nicht aber bei einem unfreiwilligen, wenngleich selbst verschuldeten Verlust desselben. Gegenüber einem Ehegatten gilt ein Eigenbedarf in Höhe von 1.000 €.

b) Mangelfall: Wenn der Unterhaltspflichtige außer Stande ist, alle Unterhaltsansprüche zu befriedigen, liegt ein Mangelfall vor.

Bei gleichrangigen Unterhaltsberechtigten kann dann eine schwierige mehrstufige Berechnung, in der auch Billigkeitsgesichtspunkte eine Rolle spielen, erforderlich werden. Es kann u. U. zur Erhöhung der Erwerbsobliegenheit oder zu einer Verringerung des Erwerbstätigenbonus beim Unterhaltsberechtigten kommen.

c) Rangfolge: Bei nicht gleichrangigen Unterhaltsberechtigten kommt es auf die Rangfolge an (§ 1609 BGB). Zunächst ist der Bedarf der vorrangig Berechtigten zu erfüllen. Nachrangig Berechtigte kommen nur zum Zug, soweit danach noch Mittel für Unterhaltszwecke zur Verfügung stehen.

Die Rangfolge der Unterhaltsberechtigten hat sich zum 1. 1. 2008 geändert. Minderjährige und privilegierte volljährige Kinder stehen nun allein an erster Stelle. An zweiter Stelle rangieren kinderbetreuende Elternteile und Ehegatten aus einer Ehe von langer Dauer. An dritter Stelle folgen geschiedene Ehefrauen, die keinen Anspruch auf Betreuungsunterhalt haben. Danach kommen die nichtprivilegierten volljährigen Kinder (ausführlicher zum nachehelichen Ehegattenunterhalt S. 102 f.).

4. Unterhaltsberechnung

Beim Ehegattenunterhalt gilt der Grundsatz der Halbteilung. Im Prinzip ist das verfügbare Einkommen hälftig zu teilen. Einige Modifikationen sind zu beachten.

a) Erwerbstätigenbonus: Ein gewisser Betrag soll dem Erwerbstätigen aber als Erwerbsanreiz ungeschmälert verbleiben. Wenn beide Ehegatten erwerbstätig sind, ist beiden ein Erwerbstätigenbonus zugute zu halten.

56

Hinweis:

Der Erwerbstätigenbonus wird nur für das Erwerbseinkommen gewährt. Für andere Einkünfte, beispielsweise solche aus Kapital ist kein Bonus anzusetzen. Die insoweit steuerlich absetzbaren Werbungskosten sind allerdings auch unterhaltsrechtlich von Bedeutung. Bei Mischeinkünften muss genau differenziert werden, um welche Einkünfte es jeweils geht. Wenn keiner der Ehegatten berufstätig ist, etwa weil beide schon in Rente sind, besteht für die Gewährung eines Erwerbsanreizes keine Veranlassung.

Der Erwerbstätigenbonus, der vom bereinigten Nettoeinkommen abzuziehen ist, wird nicht einheitlich gehandhabt. In den meisten Oberlandesgerichtsbezirken (Düsseldorfer Tabelle) wird dafür $1/7$ des Einkommens angesetzt. Die verbleibenden $6/7$ werden hälftig verteilt. Im Ergebnis bedeutet dies eine Verteilung im Verhältnis $4/7$ zu $3/7$.

Beispiel mit Lösung nach DT: Herr Taler und Frau Taler trennen sich nach 25-jähriger Ehe. Ihre drei Kinder sind erwachsen. Frau Taler nimmt ihr Psychologiestudium wieder auf, das sie wegen der Kinder aufgegeben hatte. Einkünfte hat sie keine. Herr Taler hat als Angestellter in einem großen Industriebetrieb ein bereinigtes Nettoeinkommen von 4.000 €. Bei einem Erwerbstätigenbonus von $1/7$ bleibt ein Betrag von 571 € bei der Verteilung unberücksichtigt. Frau Taler erhält als Ehegattenunterhalt $3/7$, also 1.714,85 €. Herrn Taler bleiben 2.285,71 €.

Die in den Süddeutschen Leitlinien (SL) zusammengeschlossenen Oberlandesgerichte Bamberg, Karlsruhe, München, Nürnberg, Stuttgart und Zweibrücken verfahren etwas anders. Sie gewähren dem erwerbstätigen Ehegatten einen Bonus von $1/10$ und teilen die restlichen 90 % im Verhältnis 50:50.

Beispiel mit Lösung nach SL: Herrn Taler wird nur ein Erwerbstätigenbonus von 400 € zugute gehalten. Das verbleibende Resteinkommen von 3.600 € wird hälftig geteilt. Frau Taler erhält als Ehegattenunterhalt 1.800 € Herrn Taler verbleiben 2.200 €.

b) Wohnvorteil: Unterhaltsrechtlich von Bedeutung ist auch das Wohnen in der eigenen Wohnung oder im eigenen Haus. Dabei werden die sonst anfallenden Mietkosten gespart. Der Wohnvorteil wird zum Einkommen dessen, dem dieser zugute kommt, hinzu addiert. Soweit Kosten wie **Zins- und Tilgungslasten** oder **Umlagen** für die Eigentumswohnung anfallen, vermindert sich der Wohnvorteil. Das Gleiche gilt für verbrauchsunabhängige Kosten für **Grundsteuer, Versicherungen** und **Instandhaltung.**

Wichtig!

Der Vorteil des mietfreien Wohnens wird nach der Trennung zunächst nur mit einem angemessenen Wert berücksichtigt. Angemessen ist eine den ehelichen Lebensverhältnissen entsprechende kleinere Wohnung. Nur die dafür aufzubringende Miete ist als Wohnvorteil anzusetzen. Dies gilt auch bei längerer Trennung. Die objektive Marktmiete ist erst nach dem endgültigen Scheitern der Ehe anzusetzen. Nach neuerer Rechtsprechung des BGH ist der maßgebliche Zeitpunkt dafür in aller Regel die Zustellung des Scheidungsantrages. Spätestens von diesem Zeitpunkt ist mit einer Wiederherstellung der Ehe nicht zu rechnen. Wenn bereits vorher die volle Nutzung des Eigenheims erfolgt, z. B. durch Untervermietung oder Aufnahme eines neuen Lebenspartners, ist der volle Wohnwert schon früher anzusetzen.

Praxistipp:

Wenn Ihre Frau im gemeinsamen Haus oder in der gemeinsamen Eigentumswohnung bleibt, muss diese sich den Wohnvorteil daraus als Einkommen zurechnen lassen. Der Unterhalt fällt dann entsprechend geringer aus.
Auch der Kindesunterhalt enthält einen Wohnkostenanteil, der üblicherweise mit 20 % des Tabellenunterhalts angesetzt wird. Wenn Ihrer Frau mit dem Kind in einer selbstgenutzten Immobilie wohnt, führt dies aber nicht zu einer Reduzierung des Kindesunterhalts, sondern lediglich zu einer rechnerischen Erhöhung des Einkommens Ihrer Frau.

c) **Betreuungsbonus**: Wenn der Unterhaltsberechtigte Einkünfte erzielt, die nach den Umständen als unzumutbar anzusehen sind, ist dies besonders zu würdigen.

> **§ 1577 BGB.** (. . .) (2) Einkünfte sind nicht anzurechnen, soweit der Verpflichtete nicht den vollen Unterhalt (§ 1578) leistet. Einkünfte, die den vollen Unterhalt übersteigen, sind insoweit anzurechnen, als dies der unter Berücksichtigung der beiderseitigen wirtschaftlichen Verhältnisse der Billigkeit entspricht.

Wenn der Unterhaltsberechtigte eine Erwerbstätigkeit ausübt, zu der er nicht verpflichtet ist, spricht man von überobligatorischer Tätigkeit. Eine solche liegt insbesondere dann vor, wenn die Ehefrau trotz Betreuung kleiner Kinder erwerbstätig ist. Solange das kleinste Kind noch nicht drei Jahre alt ist, ist stets davon auszugehen. Bei älteren Kindern kommt es auf die Umstände an.

> **PRAXISFALL:** Seit der Trennung betreut die Ehefrau die inzwischen siebenjährige Tochter allein. Das Kind wird in der Grundschule bis 14 Uhr versorgt, ein Antrag auf Verlängerung der Hortzeit ist trotz Dringlichkeitsstufe abgelehnt worden. Die Frau arbeitet vormittags als Verkäuferin im Umfang von ca. 20 Stunden pro Woche. Darüber hinaus arbeitet sie teilweise abends im Umfang von ca. 30 Stunden pro Monat. Dafür hat sie eine Betreuung des Kindes durch ihre Eltern organisiert. Der BGH hat die Abendtätigkeit als überobligatorisch angesehen. Bei der Betreuung durch die Großeltern handele es sich um eine freiwillige Leistung, die dem Ehemann nicht zugute kommen solle.

Der BGH hat seine frühere Auffassung, die Einkünfte aus überobligatorischer Tätigkeit teilweise unberücksichtigt zu lassen, weitgehend aufgegeben und gewährt dem Unterhaltsberechtigten stattdessen einen Betreuungsbonus. Dessen Höhe richtet sich nach den Umständen des Einzelfalles. In der Praxis werden Beträge von 150 € bis 300 € für angemessen gehalten. Betreuungskosten für Kinderkrippe, Kindergarten, Hort und evtl. Kindermädchen können evtl. zusätzlich berücksichtigt werden, wenn diese zur Ausübung der Berufstätigkeit erforderlich sind.

d) Berechnungsschritte: Die zur Unterhaltsbestimmung erforderlichen Rechenschritte müssen unbedingt in der richtigen Reihenfolge durchgeführt werden: Zuerst ist das Einkommen des Unterhaltspflichtigen zu ermitteln, dann ist der Kindesunterhalt zu bestimmen und danach der Ehegattenunterhalt.

Checkliste

- ☐ **Einkommen des Unterhaltspflichtigen**
- ☐ Nettoeinkommen des Unterhaltspflichtigen
- ☐ Weitere geldwerte Vorteile des Unterhaltspflichtigen
- ☐ Berufsbedingte Aufwendungen des Unterhaltspflichtigen

☐ Berücksichtigungsfähige Schulden des Unterhaltspflichtigen
☐ **Berechnung des Kindesunterhalts**
☐ **Berechnung des Ehegattenunterhalts**
☐ Resteinkommen des Unterhaltspflichtigen
☐ Nettoeinkommen des Unterhaltsberechtigten
☐ Berufsbedingte Aufwendungen beim Unterhaltsberechtigten
☐ Erwerbstätigenbonus beim Unterhaltspflichtigen
☐ Erwerbstätigenbonus beim Unterhaltsberechtigten
☐ Betreuungsbonus beim Unterhaltsberechtigten

BEISPIEL: Herr Stefan Zwanziger (44) und seine Ehefrau Ulla Zwanziger (41) haben zwei gemeinsame Kinder, Eva (6) und Adam (2).

Herr Zwanziger arbeitet bei einem großen Autozulieferer. Er verdient netto 2.750 € monatlich. Ihm steht ein Firmenfahrzeug zur Verfügung, welches er auch privat nutzen darf, wofür ihm ein geldwerter Vorteil von monatlich 250 € zugerechnet wird. Außerdem erhält er ein Weihnachtsgeld von netto 2.400 € und ein Urlaubsgeld von netto 1.200 €. Für einen gemeinsamen Anschaffungskredit zahlt er monatlich 200 € zurück.

Herr und Frau Zwanziger haben sich getrennt. Die beiden Kinder leben bei Frau Zwanziger, die drei Stunden täglich als Psychologin arbeitet und netto 800 € verdient.

Nettogehalt Stefan Zwanziger	2.750,00 €
+ Firmenfahrzeug	250,00 €
+ Weihnachtsgeld/Monat	200,00 €
+ Urlaubsgeld/Monat	100,00 €
Nettoeinkommen insgesamt	3.300,00 €
./. 5 % berufsbedingte Aufwendungen	165,00 €
Bereinigtes Nettoeinkommen	3.135,00 €
./. Kreditraten	200,00 €
Unterhaltsrechtliches Einkommen	2.935,00 €
Tabellenunterhalt für Eva (6)	437,00 €
./. halbes Kindergeld	92,00 €
Unterhaltsbetrag	345,00 €
Tabellenunterhalt für Adam (2)	381,00 €
./. halbes Kindergeld	92,00 €
Unterhaltsbetrag	289,00 €
Resteinkommen Stefan Zwanziger	2.301,00 €
./. 10 % Erwerbstätigenbonus	230,00 €
Einsatzbetrag für Ehegattenunterhalt	2071,00 €
Nettogehalt Ulla Zwanziger	800,00 €
./. 5 % berufsbedingte Aufwendungen	40,00 €
Bereinigtes Nettoeinkommen	760,00 €

./. 10 % Erwerbstätigenbonus	76,00 €
./. Betreuungsbonus	150,00 €
Einsatzbetrag für Ehegattenunterhalt	534,00 €
Unterhalt Ulla Zwanziger	768,50 €
(2071,00 + 534,00 = 2.605,00 / 2 = 1.302,50 – 534,00)	

5. Verwirkung des Unterhalts

Ungeachtet des geltenden Zerrüttungsprinzips kann ein ehewidriges Verhalten sehr wohl Folgen für den Unterhaltsanspruch haben. Nach § 1361 BGB kann der Unterhalt während des Getrenntlebens ganz oder teilweise verwirkt werden. Erhält der unterhaltsberechtigte Ehegatte Unterhalt wegen Betreuung eines oder mehrerer gemeinschaftlicher Kinder kommt in der Regel nur eine Kürzung des Unterhalts in Betracht.

Für den Trennungsunterhalt gilt im Wesentlichen derselbe Katalog von Verwirkungstatbeständen wie für den nachehelichen Unterhalt. § 1361 BGB, der für den Getrenntlebensunterhalt gilt, verweist auf § 1579 BGB, der den nachehelichen Unterhalt regelt. Es gibt folgende Verwirkungstatbestände:

- Verstoß gegen Pflicht, zum Familienunterhalt beizutragen
- mutwillige Herbeiführung der Unterhaltsbedürftigkeit
- Verstoß gegen die eheliche Treuepflicht
- eheähnliche Lebensgemeinschaft des Berechtigten
- Missachtung schwerwiegender Vermögensinteressen
- Verbrechen gegen den Unterhaltspflichtigen
- ähnlich schwerwiegender anderer Grund.

Praxistipp:

Die Folgen der Unterhaltsverwirkung können durch Verzeihung hinfällig werden. Diese muss nicht ausdrücklich erfolgen, sondern kann auch durch schlüssiges Verhalten geschehen. Wenn Sie trotz Kenntnis eines Verwirkungstatbestandes längere Zeit weiter Unterhalt zahlen, entfällt der Verwirkungseinwand.

Ein **Verstoß gegen die eheliche Treuepflicht** ist der in der Praxis am häufigsten vorkommende Verwirkungstatbestand. Wenn sich die Ehefrau einem anderen Mann zuwendet, kann dies die Verwirkung ihres Unterhaltsanspruches zur Folge haben, es sei denn, dass der Ehemann ebenfalls eine außereheliche Beziehung hat.

BEISPIEL: Die Ehefrau unterhält über längere Zeit ein intimes Verhältnis zum besten Freund ihres Mannes. Dieser hat davon zunächst keine Kenntnis. Als er davon erfährt, verlangt er von seiner Frau das Verhältnis sofort zu beenden. Weil diese sich weigert, verlässt er schließlich seine Frau.
Der Unterhaltsanspruch der Ehefrau kann verwirkt sein.

Wichtig!

Ein einmaliges Fehlverhalten führt in der Regel nicht zur Unterhaltsverwirkung, intime Beziehungen zu wechselnden Partnern oder eine länger andauernde ehebrecherische Beziehung hingegen schon.

RECHTSPRECHUNG: Der BGH sieht den Verwirkungstatbestand auch dann erfüllt, wenn die neue Beziehung eine gleichgeschlechtliche ist. Das widersprüchliche Verhalten des Berechtigten, der sich aus der ehelichen Bindung löse und gleichzeitig die eheliche Solidarität einfordere, sei in Fällen einer gleich- oder heterosexueller Beziehung gleich.

Wenn der unterhaltsberechtigte Ehegatte mit einem neuen Partner in einer **verfestigten Lebensbeziehung** zusammen lebt, kann dies ebenfalls die Verwirkung ihres Unterhaltsanspruchs zur Folge haben.

RECHTSPRECHUNG: Der BGH hat entschieden, dass eine Verwirkung des Unterhalts wegen längeren Zusammenlebens mit einem neuen Partner nicht nur beim nachehelichen, sondern auch beim Getrenntlebensunterhalt zur Verwirkung führen kann.

6. Unterhaltsvereinbarungen

Weil die gegenseitige Unterhaltspflicht ein wesensbestimmender Aspekt der Ehe ist, kann auf Trennungsunterhalt für die Zukunft nicht verzichtet werden. Möglich sind allerdings Regelungen über die Ausgestaltung des Unterhalts. Für die Vergangenheit ist auch ein Verzicht möglich.

Hinweis:

Seit 1. 1. 2008 können außergerichtliche Vereinbarungen über den Unterhalt wirksam nur noch vor einem Notar geschlossen werden (§ 1585 c BGB). Vor dem 1. 1. 2008 abgeschlossene Vereinbarungen behalten ihre Gültigkeit. Nach der Scheidung sind Unterhaltsvereinbarungen wie bisher auch ohne notarielle Beurkundung wirksam.

VIII. Steuerliche Aspekte

Die Trennung hat steuerliche Konsequenzen in Bezug auf Steuerklasse und Veranlagung.

Die Trennung ist nicht nur für die Lohnsteuerklasse von Bedeutung, sondern auch für die steuerliche Veranlagung. Wenn die Ehegatten einen Teil des Jahres noch zusammengelebt haben, ist für das ganze Jahr eine gemeinsame Veranlagung zulässig. Ab Beginn des Jahres, welches auf die Trennung folgt, ist die getrennte Veranlagung zwingend.

Praxistipp:

Wenn Sie nach erfolgter Trennung im Rahmen eines Versöhnungsversuchs zwischendurch wieder – auch kurzzeitig – mit Ihrer Frau zusammengelebt haben, ist die gemeinsame steuerliche Veranlagung für das ganze Jahr zulässig. Um Schwierigkeiten mit dem Finanzamt vorzubeugen ist es ratsam, dies in irgendeiner Form zu dokumentieren.

Bei gemeinsamer Veranlagung werden die Einkommen beider Eheleute zusammengerechnet und nach der Splitting-Tabelle versteuert. Als Einkommensteuer fällt dann das Zweifache des Steuerbetrages an, der sich nach dem Grundtarif für die Hälfte des gemeinsam zu versteuernden Einkommens ergibt. Bei getrennter Veranlagung wird die Steuer für jeden Ehegatten getrennt ermittelt. Vorteilhaft ist die gemeinsame Veranlagung immer dann, wenn die Noch-Eheleute ungleich viel verdienen.

Wenn die Vorteile der gemeinsamen Veranlagung während des Zusammenlebens in Anspruch genommen worden sind, besteht eine wechselseitige Verpflichtung der Ehegatten, der gemeinsamen Veranlagung auch nach der Trennung zuzustimmen. Dies ist Ausfluss des nach der Trennung fortwirkenden Grundsatzes der ehelichen Solidarität.

Praxistipp:

Wenn sich Ihre Frau nach der Trennung pflichtwidrig einer gemeinsamen Veranlagung verweigert, um allein in den Genuss einer Steuerrückzahlung zu kommen, können Sie auch nachträglich noch die Zustimmung zur gemeinsamen Veranlagung verlangen und eine Rückzahlung des Erstattungsbetrages an das Finanzamt fordern.

Wichtig!

Immer wieder wird versucht, dem Finanzamt gegenüber den Trennungszeitpunkt zu manipulieren, um die steuerlichen Nachteile der Trennung zu vermeiden. Dies kann zu massiven Problemen bis hin zur strafrechtlichen Verfolgung führen. Bisweilen verlangen die Finanzämter die Vorlage des Scheidungsbeschlusses. Wenn sich daraus ein früherer Trennungszeitpunkt ergibt, ist der Vorwurf des versuchten Steuerbetruges kaum von der Hand zu weisen.

IX. Vorzeitiger Zugewinnausgleich

Wenn die Eheleute keine Vereinbarung über den Güterstand getroffen haben, leben sie im Güterstand der Zugewinngemeinschaft. Dann hat am Ende der Ehe ein Ausgleich des während der Ehe erworbenen Vermögens zu erfolgen. Normalerweise wird der Zugewinnausgleich zusammen mit der Scheidung durchgeführt. Wenn die Eheleute seit mindestens drei Jahren getrennt leben, kann der Zugewinnausgleich auch schon vor der Scheidung erfolgen (§ 1385 BGB). In diesem Fall wird das Ende der Zugewinngemeinschaft nicht durch die Zustellung des Scheidungsantrages, sondern durch der Klage auf vorzeitigen Zugewinnausgleich bestimmt (§ 1387 BGB). Auch wenn seit der Trennung noch keine drei Jahre vergangen sind, kann auf vorzeitigen Zugewinnausgleich geklagt werden, wenn der andere Ehegatte längere Zeit hindurch seine wirtschaftlichen Verpflichtungen aus der Ehe schuldhaft nicht erfüllt hat oder sein Vermögen so vermindert hat, dass eine Gefährdung des Ausgleichsanspruchs zu befürchten ist. Auch wenn sich der andere Ehegatte ohne ausreichenden Grund weigert, Auskunft über den Bestand seines Vermögens zu erteilen, kann auf vorzeitigen Zugewinnausgleich geklagt werden.

Hinweis:

Mit der Rechtskraft der Entscheidung über den vorzeitigen Zugewinnausgleich tritt Gütertrennung ein. Im Falle einer späteren Scheidung ist also kein erneuter Zugewinnausgleich durchzuführen.

2. Kapitel

Scheidung und Folgen

A. Scheidungsvoraussetzungen

Nach dem geltenden Zerrüttungsprinzip kann die Ehe geschieden werden, wenn sie gescheitert ist. Dies ist der Fall, wenn es zu einem endgültigen Bruch zwischen den Eheleuten gekommen ist. Anders als zu Zeiten des Verschuldensprinzips kommt es nicht darauf an, ob einem oder evtl. beiden Ehegatten ein ehewidriges Verhalten vorgeworfen werden kann. Auch derjenige, der die Zerrüttung der Ehe herbeigeführt hat, kann die Scheidung verlangen.

> **§ 1565 BGB.** (1) Eine Ehe kann geschieden werden, wenn sie gescheitert ist. Die Ehe ist gescheitert, wenn die eheliche Lebensgemeinschaft nicht mehr besteht und nicht erwartet werden kann, dass die Ehegatten sie wiederherstellen. (. . .)

I. Einverständliche Scheidung

Wenn beide Ehepartner geschieden werden wollen, gestaltet sich das Scheidungsverfahren am einfachsten.

> **§ 1566 BGB.** (1) Es wird unwiderlegbar vermutet, dass die Ehe gescheitert ist, wenn die Ehegatten seit einem Jahr getrennt leben und beide Ehegatten die Scheidung beantragen oder der Antragsgegner der Scheidung zustimmt. (. . .)

Bei der einverständlichen Scheidung gibt es keinen Grund, die Zerrüttung der Ehe näher zu prüfen. Den Eheleuten bleibt es dann erspart, die Verhältnisse ihrer Ehe näher dazulegen. Voraussetzung ist eine Trennungszeit von mindestens einem Jahr. Damit soll übereilten Scheidungen vorgebeugt werden.

BEISPIEL: Herr Friedl ist im Februar 2005 aus der gemeinsamen Wohnung ausgezogen und lebt mit einer andern Frau zusammen. Im Januar 2006 stellt er über seinen Anwalt Antrag auf Scheidung der Ehe. In der Antragsschrift findet sich auch der Hinweis, dass die Parteien sich über die Folgen der Scheidung geeinigt hätten und eine Scheidungsfolgenvereinbarung. Frau Friedl, die inzwischen ebenfalls eine neue Beziehung eingegangen ist, lässt über ihre Anwältin erklären, dass die Darstellung ihres Mannes zutreffend sei und sie der Scheidung zustimmen werde.
Im April 2006 wird über die Scheidung verhandelt. Beide Ehepartner bestätigen auf Fragen des Gerichts den Trennungszeitpunkt und lassen die Scheidungsfolgenvereinbarung gerichtlich protokollieren.
Das Gericht wird die Ehe scheiden, weil die Voraussetzungen einer einverständlichen Scheidung erfüllt sind:
– einjährige Trennungszeit
– beiderseitige Scheidungsanträge bzw. Zustimmung
– Einigung über die Scheidungsfolgen.

II. Streitige Scheidung

Wenn die Eheleute zwar ein Jahr getrennt leben, aber nur einer von ihnen Antrag auf Scheidung der Ehe stellt und der andere nicht zustimmt, gilt die Zerrüttungsvermutung des § 1566 BGB nicht. Das Scheitern der Ehe muss also nachgewiesen werden.

Üblicherweise reicht es dafür aus, dass die eheliche Lebensgemeinschaft schon seit mindestens einem Jahr nicht mehr besteht und der Scheidungswillige deren Wiederaufnahme nachdrücklich ablehnt.

BEISPIEL: Herr Huber aus Dachau hat sich am 1. 5. 2005 von seiner Frau getrennt und ist aus der gemeinsamen Wohnung ausgezogen.
Einen Weg zurück zu seiner Frau schließt er mit Gewissheit aus. Frau Huber hängt weiterhin an ihrem Mann und hofft, dass sich alles wieder „einrenken" wird. Herr Huber lässt im Mai 2006 über seinen Anwalt die Scheidung einreichen. Frau Huber lässt dem Gericht über ihre Anwältin mitteilen, dass sie der Scheidung nicht zustimmen werde.
Im Gerichtstermin am 2. 9. 2006 wiederholen beide Eheleute ihre Standpunkte.

Die Ehe wird geschieden werden, weil die Voraussetzungen einer streitigen Scheidung vorliegen:
– einjährige Trennungszeit
– einseitiger Scheidungsantrag
– Scheitern der Ehe nachgewiesen.

III. Härtefallscheidung

Wenn ein Härtefall vorliegt, kann die Scheidung auch vor Ablauf des Trennungsjahres erfolgen.

§ 1565 BGB. (...) (2) Leben die Ehegatten noch nicht ein Jahr getrennt, so kann die Ehe nur geschieden werden, wenn die Fortsetzung der Ehe aus Gründen, die in der Person des anderen Ehegatten liegen, eine unzumutbare Härte darstellen würde.

Es handelt sich um eine Ausnahmeregelung, die eng ausgelegt wird. Ein ehebrecherisches Verhalten allein reicht nicht aus, eine besondere Härte zu begründen, auch dann nicht, wenn eine Beziehung zu einem gleichgeschlechtlichen Partner aufgenommen wird. Dem betrogenen Ehegatten wird in aller Regel zugemutet, das Trennungsjahr abzuwarten. Die besondere Härte muss in Hinblick auf die Fortsetzung der Ehe gegeben sein. Ob das weitere Zusammenleben unzumutbar erscheint, ist unerheblich.

BEISPIEL: Anton Behr ist seit vier Jahren verheiratet. Die Ehe ist kinderlos geblieben. Seine Frau hat sich einen anderen Partner zugewandt und erwartet in etwa drei Monaten ein Kind aus der neuen Beziehung. Herr Behr will auf jeden Fall verhindern, dass das Kind, weil in der Ehe geboren, rechtlich als sein Kind gilt. Er stellt deshalb noch vor Ablauf des Trennungsjahres einen Antrag auf Scheidung der Ehe.
Herr Behr hat gute Aussichten, sofort geschieden zu werden.
Die Voraussetzungen des § 1565 BGB sind gegeben:
– unzumutbare Härte für den Antragsteller
– aus Gründen, die beim Antragsgegner liegen.

IV. Scheidung nach dreijähriger Trennung

Nach dreijähriger Trennung wird das Scheitern der Ehe unwiderlegbar vermutet, also auch, wenn der Antragsgegner an der Ehe festhalten möchte.

> **§ 1566 BGB.** (. . .) (2) Es wird unwiderlegbar vermutet, dass die Ehe gescheitert ist, wenn die Ehegatten seit drei Jahren getrennt leben.

Damit wird der Lebenserfahrung Rechnung getragen, dass nach mehrjähriger Trennung der Entschluss endgültig und mit einer Wiederherstellung der Ehe nicht mehr zu rechnen ist. Steht fest, dass die Eheleute über drei Jahre getrennt leben, braucht das Gericht keine Feststellungen mehr zum Scheitern der Ehe zu treffen.

> **BEISPIEL:** Charlotte F. lebt seit dreieinhalb Jahren von Ihrem Mann Johannes F. getrennt. Dieser lebt schon seit zwei Jahren mit einer anderen Frau zusammen. Dennoch will Frau F. die Hoffnung nicht aufgeben, dass ihr Mann zu ihr zurückkehren könnte. Sie widersetzt sich dem Scheidungsantrag ihres Mannes.
> Die Ehe wird trotzdem geschieden werden, da die Voraussetzung einer Scheidung nach § 1566 BGB vorliegen:
> – dreijährige Trennungszeit
> – einseitiger Scheidungsantrag.

V. Keine Scheidung trotz dreijähriger Trennung

Unter bestimmten, sehr eng begrenzten Voraussetzungen, soll die Ehe selbst dann nicht geschieden werden, wenn sie gescheitert ist.

> **§ 1568 BGB.** (1) Die Ehe soll nicht geschieden werden, obwohl sie gescheitert ist, wenn und solange die Aufrechterhaltung der Ehe im Interesse der aus der Ehe hervorgegangenen minderjährigen Kinder aus besonderen Gründen ausnahmsweise notwendig ist oder wenn und solange die Scheidung für den Antragsgegner, der sie ablehnt, auf Grund außergewöhnlicher Umstände eine so schwere Härte darstellen würde, dass die Aufrechterhaltung der Ehe auch unter Berücksichtigung der Belange des Antragstellers ausnahmsweise geboten erscheint. (. . .)

Es handelt sich im Wesentlichen um eine Schutzklausel zu Gunsten der Kinder, die vor übergroßen Belastungen bewahrt werden sollen. Die üblichen Beeinträchtigungen der Kinder durch Trennung und Scheidung der Ehe reichen dafür aber nicht aus. Erforderlich ist, dass die Kinder ganz extrem in Mitleidenschaft gezogen sind und durch die Scheidung eine weitere Zuspitzung zu erwarten ist. Davon kann dann auszugehen sein, wenn ein minderjähriges Kind akut selbstmordgefährdet erscheint.

§ 1568 BGB stellt auch eine Schutzklausel zu Gunsten des anderen Ehegatten dar. Wenn und so lange die Scheidung für diesen eine so schwere Härte darstellen würde, dass die Interessen des scheidungswilligen Ehepartners dahinter zurücktreten müssen, ist eine Scheidung trotz dreijähriger Trennung ausgeschlossen. Davon kann nur in ganz extremen Situationen ausgegangen werden, etwa dann, wenn der Antragsgegner das Spätstadium einer schweren unheilbaren Krankheit erreicht hat und schon kleinste Aufregungen massive Verschlechterungen bewirken würden.

RECHTSPRECHUNG: Dass ein Ausländer als Folge der Scheidung Deutschland vermutlich verlassen müsste und sein minderjähriges Kind wohl auf Dauer nicht mehr besuchen könnte, rechtfertigt nach einer Entscheidung des OLG Köln die Anwendung der Ehegattenschutzklausel nicht.

VI. Ausländerehen

Bei Ehen mit Auslandsbezug stellt sich die Frage, welches Recht für die Scheidung gilt. Wenn beide Ehepartner die gleiche ausländische Staatsangehörigkeit besitzen, ist für ihre Scheidung das Recht ihres gemeinsamen Heimatlandes maßgeblich (§ 17 EGBGB).

BEISPIEL: Murat Ö. und Aisha Ö., beide türkische Staatsangehörige, haben vor drei Jahren in Berlin, ihrem derzeitigen Wohnsitz, geheiratet. Für die Scheidung ist türkisches Recht anzuwenden.

Wichtig!

Dass für die Scheidung das gemeinsame Heimatrecht beider Ehegatten anzuwenden ist, bedeutet nicht unbedingt, dass dies auch für die Scheidungsfolgen der Fall ist. Es kann sein, dass für den Trennungsunterhalt deutsches Recht anzuwenden ist, für den nachehelichen Unterhalt hingegen das gemeinsame Heimatrecht.

VII. Gemischt-nationale Ehen

Bei gemischt-nationalen Ehen ist nach deutschem Recht zu entscheiden, wenn einer der Ehepartner die deutsche Staatsangehörigkeit besitzt und die Eheleute ihren Lebensmittelpunkt in Deutschland haben. Kompliziert ist die Rechtslage dann, wenn keiner der Ehepartner die deutsche Staatsangehörigkeit besitzt.

BEISPIEL: Herr Toni Künzli ist Schweizer. Seine Frau Flora Maier ist Österreicherin. Sie haben in München geheiratet. Dort haben sie auch gelebt. Frau Maier hat sich von ihrem Mann getrennt und ist nach Wien zurückgekehrt.

Wenn keine gemeinsame Staatsbürgerschaft gegeben ist, scheidet diese als Anknüpfungspunkt aus. Eventuell kommt der gemeinsame gewöhnliche Aufenthalt der Ehegatten als Anknüpfungspunkt in Betracht. Dann ist über eine mehrstufige Prüfung zu entscheiden, welches Recht zur Anwendung kommt. Es kann durchaus sein, dass im Ergebnis deutsches Recht anzuwenden ist.

Praxistipp:

Bei einer gemischt-nationalen Scheidung zweier Ausländer sollte unbedingt anwaltlicher Rat eingeholt werden. Es kann sich auch die Frage stellen, in welchem Land die Scheidung durchgeführt werden soll.

Für den Versorgungsausgleich ist das Recht anzuwenden, welches für die Scheidung gilt. Erfolgt die Scheidung etwa nach schweizerischem Recht, dann gilt dies auch für den Versorgungsausgleich. Wenn bei einer gemischt-nationalen Ehe zweier Ausländer das Heimatrecht beider Ehegatten den Versorgungsausgleich nicht kennt, kann dieser auf Antrag gleichwohl durchgeführt werden, wenn inländische Versorgungsanwartschaften erworben worden sind (§ 17 EGBGB).

B. Scheidungsverfahren

Das Scheidungsverfahren, das früher Teil der ZPO war, ist nun (seit September 2009) im FamFG geregelt, das eine Fülle von Änderungen gebracht hat. Der Aufgabenbereich des Familiengerichts („großes Familiengericht") ist erweitert worden. Dieses ist nun auch für alle Verfahren zuständig, die früher dem (aufgelösten) Vormundschaftsgericht zugewiesen waren, und ebenfalls für Streitigkeiten mit stark familiärem Einschlag (z. B. Gesamtschuldenausgleich unter Ehegatten, Rückforderung ehebedingter Zuwendungen), die früher zur Zuständigkeit der Amts- bzw. Landgerichte gehörten.

Das FamFG hat die außergerichtlichen Lösungsansätze gestärkt. So kann das Gericht nun anordnen, dass die Parteien einzeln oder gemeinsam an einem kostenlosen Informationsgespräch über **Mediation** oder einer anderen Form der außergerichtlichen Streitschlichtung teilnehmen (§ 156 FamFG). Es kann den Parteien auch die außergerichtliche Streitbeilegung anhängiger Folgesachen vorschlagen (§ 135 FamFG).

Das Scheidungsverfahren wird nicht mit einer Klage, sondern mit einem Antrag eingeleitet (§ 124 FamFG). Die Parteien werden als Antragsteller(in) und Antragsgegner(in) bezeichnet. Die Ehescheidung erfolgt in Form eines Beschlusses.

I. Zuständiges Gericht

Die örtliche Zuständigkeit des Gerichts ist im FamFG geregelt.

> **§ 122 FamFG. Örtliche Zuständigkeit.** Ausschließlich zuständig ist in dieser Rangfolge:
> 1. das Gericht, in dessen Bezirk einer der Ehegatten mit allen gemeinschaftlichen minderjährigen Kindern seinen gewöhnlichen Aufenthalt hat;
> 2. das Gericht, in dessen Bezirk einer der Ehegatten mit einem Teil der gemeinschaftlichen minderjährigen Kinder seinen gewöhnlichen Aufenthalt hat, sofern bei dem anderen Ehegatten keine gemeinschaftlichen minderjährigen Kinder ihren gewöhnlichen Aufenthalt haben;

3. das Gericht, in dessen Bezirk die Ehegatten ihren gemeinsamen gewöhnlichen Aufenthalt zuletzt gehabt haben, wenn einer der Ehegatten bei Eintritt der Rechtshängigkeit im Bezirk dieses Gerichts seinen gewöhnlichen Aufenthalt hat;
4. das Gericht, in dessen Bezirk der Antragsgegner seinen gewöhnlichen Aufenthalt hat;
5. das Gericht, in dessen Bezirk der Antragsteller seinen gewöhnlichen Aufenthalt hat;
6. das Amtsgericht Schöneberg in Berlin.

Grundsätzlich ist also das Gericht zuständig, in dessen Gerichtsbezirk die Eheleute ihren Wohnsitz haben. Wenn diese in verschiedenen Gerichtsbezirken wohnen, ist das Familiengericht zuständig, in dem einer der Eheleute mit den gemeinsamen Kindern lebt.

Wenn diese Voraussetzung nicht gegeben ist, ist das Gericht zuständig, in dessen Bezirk der letzte gemeinsame Wohnsitz beider Eheleute lag, sofern einer der Ehegatten noch dort wohnhaft ist.

Wenn beide Eheleute in einen anderen Gerichtsbezirk umgezogen sind, ist das Gericht zuständig, in dem der Gegner des Scheidungsantrages seinen Wohnsitz hat.

Für den Fall, dass dieser im Ausland liegt, ergibt sich eine Zuständigkeit des Gerichts, in dessen Bezirk der Antragsteller wohnt.

Wenn keine dieser Voraussetzungen zutrifft, ist das Amtsgericht Schöneberg in Berlin zuständig.

II. Scheidungsantrag

Der Scheidungsantrag (des Antragstellers) kann nur über einen Anwalt gestellt werden. Nach § 114 FamFG besteht für das Scheidungsverfahren grundsätzlich Anwaltszwang, d. h. beide Ehegatten müssen sich durch einen Rechtsanwalt vertreten lassen. Für die Zustimmung zur Scheidung, die Rücknahme des Scheidungsantrags und den Widerruf der Zustimmung zur Scheidung bedarf es allerdings keiner anwaltlichen Vertretung. Die Scheidung selbst kann also allein mit einem Anwalt auf Antragstellerseite herbei geführt werden. Ein Anwalt auf Antragsgegnerseite ist immer erforderlich, wenn eigene Anträge gestellt werden sollen. Dies gilt auch dann, wenn die Zurückweisung eines Antrags in einer Folgesache (z. B. Ehegattenunterhalt) beantragt werden soll. Ebenso verhält es sich, wenn bei Gericht eine Scheidungsfolgenvereinbarung abgeschlossen werden soll. Das Gericht kann dem Antragsgegner einen Rechtsanwalt beiordnen, wenn es dies für geboten erachtet (§ 138 FamFG).

Praxistipp:

Die Durchführung des Scheidungsverfahrens mit einem Anwalt (auf Antragstellerseite) ist nur dann ratsam, wenn sämtliche Streitfragen außergerichtlich gelöst und in einer notariellen Vereinbarung geregelt sind.
Wenn es im Scheidungsverfahren um mehr als Scheidung und Versorgungsausgleich (Rentenausgleich) geht, sollte jede Seite einen Anwalt bzw. Anwältin haben. Die Gewährung von Verfahrenskostenhilfe für Parteien mit geringem Einkommen ist nicht auf die Antragstellerseite beschränkt. Auch die Antragsgegnerseite kann Verfahrenskostenhilfe erhalten.

Vom Zeitpunkt des Scheidungsantrags hängen wichtige Rechtsfolgen ab

- für den Versorgungsausgleich (Altersrente)
- für den Zugewinnausgleich (Vermögen)
- für das Erbrecht des Ehepartners.

Wichtig!

Der Zeitpunkt des Scheidungsantrages will wohl überlegt sein.
Es kann angeraten sein, diesen so bald wie möglich zu stellen, um Rechtsnachteile zu vermeiden.

III. Verfahrensgang

Zwischen Scheidungsantrag und Scheidungsbeschluss liegen in der Regel einige Monate. In besonders schwierigen Fällen, wenn beispielsweise Wertgutachten zu Immobilien oder fachärztliche Gutachten zur Erwerbsfähigkeit eingeholt werden müssen, kann das Verfahren auch mehrere Jahre in Anspruch nehmen.

Der Scheidungsantrag wird dem Antragsgegner vom Gericht zugestellt, was erfahrungsgemäß einige Wochen dauert. Das Datum der

Zustellung des Scheidungsantrags ist wichtig, weil damit der Endzeitpunkt für die Zugewinngemeinschaft festgelegt wird. Der Antragsgegner wird vom Gericht darauf hingewiesen, dass für das Scheidungsverfahren und die damit zusammenhängenden Folgesachen Anwaltspflicht besteht, es sei denn, dass er dem Scheidungsantrag nicht entgegentreten will und keine weiteren Angelegenheiten zu regeln sind. Außerdem wird er aufgefordert, zum Scheidungsantrag Stellung zu nehmen. Zur Klärung der Versorgungsanwartschaft schickt das Gericht beiden Parteien Formulare zu, die ausgefüllt zurückgereicht werden müssen. Ein Termin zur mündlichen Verhandlung wird üblicherweise erst dann angesetzt, wenn die Auskünfte der Versorgungsträger vorliegen. Im **Scheidungstermin** werden beide Ehegatten angehört. Sie werden nach dem Trennungszeitpunkt gefragt und ob sie die Ehe für gescheitert halten. Wenn die Voraussetzungen für die Scheidung vorliegen, kann der Scheidungsbeschluss bereits im ersten Termin ergehen.

IV. Scheidungsbeschluss

Die Verkündung des Scheidungsbeschlusses bewirkt noch keine rechtswirksame Scheidung. Dies liegt daran, dass der Beschluss noch mit Rechtsmitteln angefochten werden kann. Nur soweit die Parteien durch Anwälte vertreten sind, kann auf Rechtsmittel verzichtet werden. Der Beschluss wird dann sofort wirksam. Ansonsten muss der Ablauf der Rechtsmittelfrist abgewartet werden. Diese wird nicht mit der Verkündung des Scheidungsbeschlusses, sondern erst mit dessen Zustellung an die Parteien bzw. Parteivertreter in Gang gesetzt. Von da ab haben die Parteien einen Monat Zeit, Rechtsmittel gegen den Scheidungsbeschluss einzulegen, was wiederum nur über die Anwälte möglich ist. Wenn kein Rechtsmittelverzicht erklärt worden ist, erlangt der Beschluss erst mit Ablauf der Rechtsmittelfrist Rechtskraft.

Hinweis:

Bis zur Rechtskraft der Scheidung besteht in der gesetzlichen Krankenversicherung die Möglichkeit, den getrennt lebenden Ehegatten mitzuversichern. Nach der Scheidung ist dies nicht mehr möglich.
Bei anderen Krankenversicherungen ist die Möglichkeit der Mitversicherung anhand der Satzung im konkreten Fall zu prüfen.

V. Gerichtskosten

Die Gerichtskosten sind abhängig vom Gegenstandswert. Für die Scheidung wird üblicherweise das dreifache monatliche Nettoeinkommen beider Eheleute zugrunde gelegt. Falls ein größeres Vermögen (über 60.000 €) vorhanden ist, ist dies zusätzlich zu berücksichtigen.

BEISPIEL: Herr Muth (55) möchte sich scheiden lassen. Er verdient monatlich netto 2.500 €. Frau Muth (51) verdient 1.500 €. Beide sind Angestellte eines Warenhauses. Das gemeinsame Nettoeinkommen beträgt also 4.000 €. Das dreifache gemeinsame Monatseinkommen beträgt also 12.000 €. Dies ist der Gegenstandswert der Scheidung.

Aus dem im Scheidungsantrag als vorläufigen Gegenstandswert angegebenen Betrag sind 2,0 Gebühren nach dem Gerichtskostengesetz als Gerichtskostenvorschuss einzuzahlen. Der Versorgungsausgleich bleibt dabei unberücksichtigt.

Fortsetzung des Beispiels: Herr Muth muss bei Einreichung des Scheidungsantrags einen Gerichtskostenvorschuss in Höhe von 438 € einzahlen.

Der endgültige Gegenstandswert wird später vom Gericht festgesetzt. Dabei werden auch die Folgesachen berücksichtigt. Der Versorgungsausgleich ist mindestens mit 1.000 € anzusetzen (§ 50 FamGKG).

Fortsetzung des Beispiels: Im obigen Beispiel erhöht sich der Gegenstandswert wegen der Folgesache Versorgungsausgleich also auf (mindestens) 13.000 €.

Wird die Scheidung der Ehe ausgesprochen, hat das Gericht auch über die Kosten zu entscheiden. Nach § 150 FamFG sind die Kosten der Scheidungssache und der Folgesachen gegeneinander aufzuheben. Dies bedeutet, dass die Parteien ihre außergerichtlichen Kosten selbst und die Gerichtskosten je zur Hälfte zu tragen haben.

Fortsetzung des Beispiels: Wenn es bei einem Streitwert von 13.000 € bleibt, erhält Herr Muth nach Abschluss des Verfahrens einen Teil des eingezahlten Vorschusses zurück erstattet.

In Ausnahmefällen, wenn eine gegenseitige **Kostenaufhebung** unbillig wäre, kann das Gericht die Kosten nach „billigem Ermessen" verteilen. Es kann dabei z. B. berücksichtigen, dass eine Partei einer gerichtlichen Anordnung zur Teilnahme an einem Informationsgespräch über außergerichtliche Streitbeilegungsmöglichkeiten nicht nachgekommen ist (§ 150 FamFG).

Praxistipp:

Wenn das Familiengericht anordnet, dass Sie und Ihre Frau an einem Informationsgespräch über Mediation teilnehmen, sollten Sie dem Folge leisten. Andernfalls könnten Sie bei der Kostenverteilung Nachteile erleiden.

VI. Anwaltskosten

Für das Scheidungsverfahren gilt der Grundsatz, dass jede Partei ihre Anwaltskosten selbst zu tragen hat. Jeder Anwalt rechnet mit der von ihm vertretenen Partei ab.

Auch die Anwaltskosten sind abhängig vom Gegenstandswert. Grundlage für die Berechnung ist das Rechtsanwaltsvergütungsgesetz (RVG).

Fortsetzung des Beispiels: Bei einem Gegenstandswert von 13.000 € fallen auf jeder Seite Anwaltsgebühren in Höhe von netto 1.315 € an.
Die Rechnung sieht so aus:
Rechtsanwaltskostenberechnung
berechnet nach dem Rechtsanwaltsvergütungsgesetz (RVG)
1. Verfahrensgebühr, Nr. 3100 VV (1,3)
    Wert 13.000 €   683,80 €

2. Terminsgebühr, Nr. 3104 VV (1,2)
Wert 13.000 €   631,20 €
3. Pauschale für Post- u. Telekommunikation,
Nr. 7002 VV   20,00 €
    Zwischensumme   1.335,00 €
4. 19 % Umsatzsteuer, Nr. 7008 VV   253,65 €
    Gesamtbetrag   1.588,65 €

Je mehr weitere Folgesachen anhängig gemacht werden, desto höher wird der Gegenstandswert. Dementsprechend erhöhen sich die Kosten. Der Wert der Folgesachen wird entweder nach den Verhältnissen des Einzelfalles bestimmt oder mit Festbeträgen angesetzt:

- Zugewinnausgleich: beantragter Betrag

- Sorgerecht   meist 3.000 €

- Haushaltsgegenstände   Verkehrswert

- Unterhalt   monatlicher Betrag $\times$ 12

- Versorgungsausgleich   1.000 € (mindestens).

Abwandlung des Beispiels: Wenn Frau Muth auch noch Ehegattenunterhalt in Höhe von monatlich 500 € einklagt, erhöht sich der Gegenstandswert um den Jahresbetrag daraus, also um 6.000 € auf 19.000 €.
Wenn Herr Muth noch einen Zugewinnausgleichsanspruch in Höhe von 30.000 € geltend macht, erhöht sich der Gegenstandswert weiter um diesen Betrag. Der Gesamtwert beträgt dann 49.000 €.
Die Anwaltskostenrechnung sieht dann so aus:
Rechtsanwaltskostenberechnung
berechnet nach dem Rechtsanwaltsvergütungsgesetz (RVG)
1. Verfahrensgebühr, Nr. 3100 VV (1,3)
Wert 49.000 €   1.359,80 €
2. Terminsgebühr, Nr. 3104 VV (1,2)
Wert 49.000 €   1.255,20 €
3. Pauschale für Post- u. Telekommunikation,
Nr. 7002 VV   20,00 €
    Zwischensumme   2.635,00 €
4. 19 % Umsatzsteuer, Nr. 7008 VV   500,65 €
    Gesamtbetrag   3.135,65 €

VII. Verfahrenskostenhilfe

Auch weniger Bemittelte brauchen bei der Scheidung nicht auf eine anwaltliche Vertretung zu verzichten. Wenn die Verfahrenskosten die finanziellen Möglichkeiten einer Partei überfordern, kann dieser Verfahrenskostenhilfe gewährt werden. Dazu muss ein besonderes Antragsformular ausgefüllt und mit Anlagen versehen bei Gericht eingereicht werden, was üblicherweise über den Anwalt geschieht. Mit Bewilligung der Verfahrenskostenhilfe werden der Partei monatlich an die Staatskasse zu zahlende Raten auferlegt, deren Höhe vom Einkommen abhängt. Wenn die wirtschaftlichen Verhältnisse sehr ungünstig sind, wird Verfahrenskostenhilfe ohne Ratenzahlung bewilligt. Dies bedeutet, dass überhaupt keine Kosten für das Scheidungsverfahren anfallen.

Grundsätzlich ist die Verfahrenskostenhilfe dann zu versagen, wenn die Rechtsverfolgung nicht erfolgversprechend oder mutwillig erscheint. Dies ist bei Scheidungsverfahren allerdings so gut wie nie der Fall. So gilt ein Gegenantrag auf Scheidung nicht deshalb als mutwillig, weil das Ziel auch allein durch den Scheidungsantrag der Gegenseite erreicht werden kann.

Hinweis:

Wenn Verfahrenskostenhilfe bewilligt wird, schließt dies nicht unbedingt aus, dass Anwaltskosten der Gegenseite erstattet werden müssen. Der Grundsatz, dass im Scheidungsverfahren die Kosten gegeneinander aufzuheben sind, gilt nur für die erste Instanz (Familiengericht), nicht aber für die Rechtsmittelinstanz (Oberlandesgericht). Die Partei, die im Beschwerdeverfahren unterliegt, kann sehr wohl mit den Kosten der Gegenseite belastet werden.

VIII. Prozesskostenvorschuss

Verfahrenskostenhilfe wird nur gewährt, wenn die Finanzierung der Prozesskosten sonst nicht möglich ist (Nachrangigkeit). Bisweilen wird sie mit der Begründung verweigert, dass der Ehepartner ein zu hohes Einkommen habe. Auch die Kosten des Scheidungsverfahrens unterliegen nämlich dem Unterhaltsrecht. Sie gelten als eine Art

Sonderbedarf. Der besser verdienende Ehemann kann deshalb verpflichtet sein, seiner Frau einen Prozesskostenvorschuss für deren Scheidungskosten zu bezahlen.

Praxistipp:

Wenn Sie von der Gegenseite eine Aufforderung zur Zahlung eines Prozesskostenvorschuss erhalten, sollten Sie einen Anwalt konsultieren. In vielen Fällen erweist sich ein solches Verlangen als unberechtigt. Oft ist der verlangte Vorschuss zu hoch bemessen. Wenn Sie selber einen Anspruch auf Verfahrenskostenhilfe haben, ist die Forderung stets unberechtigt.

C. Scheidungsfolgen

Nach der Vorstellung des Gesetzgebers sollen zugleich mit der Scheidung auch die wichtigsten Scheidungsfolgen geregelt werden (Scheidungsverbund). Über Scheidung und Folgesachen soll gleichzeitig verhandelt und entschieden werden (§ 142 FamFG). Nur in Ausnahmefällen soll der Scheidungsverbund aufgetrennt werden. Das FamFG hat den Ausnahmekatalog erweitert. Die Abtrennung ist nun z. B. dann möglich, wenn seit Rechtshängigkeit des Scheidungsantrages drei Monate vergangen sind, beide Ehegatten die erforderlichen Mitwirkungshandlungen in der Versorgungsausgleichsfolgesache erbracht haben und übereinstimmend die Abtrennung beantragen (§ 140 FamFG).

Nur eine Folgesache ist vom Gericht „von Amts wegen" zu regeln: der im sog. Zwangsverbund stehende Versorgungsausgleich. Über alle übrigen Folgesachen hat das Gericht nur dann zu entscheiden, wenn – spätestens zwei Wochen vor der mündlichen Verhandlung – entsprechende Anträge gestellt werden. Folgesachen sind:

- Elterliche Sorge/Umgangsrecht
- Ehewohnung
- Haushaltssachen
- Kindesunterhalt
- Ehegattenunterhalt
- Zugewinnausgleich.

Praxistipp:

Gerade für die Scheidungsfolgen kann eine Mediation hilfreich sein, die spezielle, auf die Bedürfnisse der Beteiligten zugeschnittene ("maßgeschneiderte") Lösungen ermöglicht. Die Ergebnisse der Mediation können rechtsverbindlich in einem notariellen Ehevertrag oder einer gerichtliche Vereinbarung festgeschrieben werden. Erfahrungsgemäß ist die Zufriedenheit der Beteiligten nach einer erfolgreichen Mediation größer als nach einem streitigen Gerichtsverfahren.

I. Versorgungsausgleich

Mit dem Versorgungsausgleich sollen die Renten- und Pensionsanwartschaften, die von den Eheleuten während der Ehe erworben worden sind, ausgeglichen werden. So erhält auch derjenige Ehegatte eine eigenständige Absicherung für Alter und Invalidität, der – zum Beispiel wegen der Kindererziehung – auf eine eigene Erwerbstätigkeit verzichtet hat.

Dies gilt unabhängig davon, welchen Güterstand die Eheleute gewählt haben. Auch unter dem Recht der DDR geschlossene Ehen unterliegen nach dem Einigungsvertrag dem Versorgungsausgleich, sofern diese nicht vor dem 1. 1. 1992 im Beitrittsgebiet geschieden wurden.

Betroffen sind grundsätzlich alle Versorgungsansprüche:

- Anrechte der deutschen Rentenversicherung
- Beamtenpensionen
- Ansprüche auf Zusatzversorgung des öffentlichen Dienstes
- betriebliche Altersversorgungen
- private Rentenversicherungen
- Lebensversicherungen mit Rentencharakter
- „Riesterrenten"
- „Rüruprenten".

Einzubeziehen sind auch Versorgungsrechte, die ihren Grund in einer **verminderten Erwerbsfähigkeit** haben.

Nicht in den Versorgungsausgleich fallen solche Positionen, die nicht durch eigenes Vermögen oder durch Arbeit begründet worden sind, etwa **Entschädigungsleistungen** (z. B. Unfallrenten).

Der Versorgungsausgleich, der früher im BGB und verschiedenen Nebengesetzen geregelt war, ist nun im VersAusglG zusammengefasst. § 1587 BGB verweist nur noch auf das neue Gesetz.

Das VersAusglG ist zum 1. 9. 2009 in Kraft getreten und gilt für alle Scheidungen, die ab diesem Zeitpunkt eingeleitet werden. Bereits bei Gericht anhängige Versorgungsausgleichssachen, die nicht mehr mit der Scheidung verbunden sind, werden ebenfalls nach neuem Recht entschieden, wenn sie nach dem 1. 9. 2009 weiter betrieben werden. Spätestens ab dem 1. 9. 2010 gilt das neue Recht für alle Versorgungsausgleichssachen, die in der ersten Instanz noch nicht entschieden sind.

Nur die in der Ehezeit erworbenen Anwartschaften sind auszugleichen. Für die Berechnung des Versorgungsausgleichs beginnt die Ehezeit mit dem Beginn des Monats der Hochzeit und endet am letzten Tag des Monats, welcher der Einreichung des Scheidungsantrages vorausgeht (§ 3 VersAusglG). Auch die Zeit des Getrenntlebens fällt also in den Versorgungsausgleich.

BEISPIEL: Die Ehe wurde am 25. 5. 1999 geschlossen. Seit dem 1. 4. 2005 leben die Eheleute getrennt. Der Scheidungsantrag der Ehefrau datiert auf den 19. 4. 2008 und wurde dem Ehemann am 12. 4. 2006 zugestellt. Ehezeit ist der Zeitraum vom 1. 5. 1999 bis 31. 3. 2008.

Alle in der Ehe erworbenen Versorgungsanwartschaften werden gleichmäßig auf beide Eheleute aufgeteilt ohne Rücksicht darauf, ob beide Ehegatten berufstätig waren oder nur einer, ob der Haushalt von beiden gemeinsam oder von einem allein geführt worden ist.

Praxistipp:

Da das Ende der Ehezeit durch den Scheidungsantrag bestimmt wird, verlängert sich der ausgleichspflichtige Zeitraum je länger mit dem Scheidungsantrag gewartet wird. Wenn die Einkommensunterschiede erheblich sind, kann sich dies stark zu Lasten des Ausgleichpflichtigen auswirken. Es kann deshalb angeraten sein, den Scheidungsantrag so bald wie möglich zu stellen. Vorteile beim Versorgungsausgleich können allerdings durch Nachteile an anderer Stelle (etwa beim Zugewinnausgleich) aufgewogen werden.

1. Klärung der Rentenanwartschaften

Zur Vorbereitung des Versorgungsausgleichs werden beiden Eheleuten Formulare zugeschickt, die ausgefüllt und unterschrieben an das Gericht zurückgereicht werden müssen.

Praxistipp:

Den Fragebögen sind Hinweise beigefügt, die auch Ungeübten das Ausfüllen der Formulare ermöglichen sollen. Erfahrungsgemäß tun sich viele aber trotzdem schwer damit. Wenn Sie einen Anwalt haben, können Sie diesen vielleicht um Rat fragen. In jedem Fall können Sie die örtlichen Stellen der Rentenversicherer um Unterstützung bitten.

Das Gericht leitet die Formulare an die Versicherungsträger weiter, die daraufhin die Ausgleichswerte ermitteln. Dafür ist in der Regel ein Zeitbedarf von etwa drei Monaten zu veranschlagen. In schwierigen Fällen kann die Prozedur auch länger dauern. Besonders zeitaufwendig kann sich die Klärung von im Ausland erworbenen Rentenversicherungszeiten gestalten.

Praxistipp:

Weil jeder Partei auch die Auskünfte der Gegenseite zur Kenntnis gebracht werden, besteht die Möglichkeit, diese auf Richtigkeit und Vollständigkeit zu überprüfen. Es empfiehlt sich, davon Gebrauch zu machen. Die Berechnung des Versorgungsausgleichs wird als Entwurf beiden Parteien zur Kenntnisnahme übersandt. Es empfiehlt sich, diese genau zu überprüfen.

2. Durchführung des Versorgungsausgleichs

Das VersAusglG stellt eine umfassende Reform des Versorgungsausgleichs dar. Das früher geltende Recht verlangte eine Verrechnung aller in der Ehezeit erworbenen Anrechte aus den unterschiedlichen Versorgungen und einen Ausgleich der Hälfte des Wertunterschieds über die gesetzliche Rentenversicherung. Bei der Umrechnung der verschiedenartigen Anrechte mit Hilfe der sog. Barwertverordnung gab es nicht selten Wertverzerrungen, weil die Berechnung auf unsicheren Prognosen über die künftige Entwicklung beruhte. Dies hatte teilweise ungerechte Ergebnisse und Transferverluste zur Folge.

3. Interne Teilung

Das in der Ehe aufgebaute Versorgungsanrecht wird nun im jeweiligen Versorgungssystem zwischen den Ehegatten hälftig geteilt. „Aus eins mach zwei" lautet die Devise. Dies wird als interne Teilung bezeichnet. Der ausgleichsberechtigte Ehegatte erhält einen eigenen Anspruch auf eine Versorgung bei dem Versorgungsträger des ausgleichspflichtigen Ehegatten. Jeder Ehegatte erhält nun sein eigenes Rentenkonto, also einen eigenen Anspruch gegen den jeweiligen Versorgungsträger. Dies funktioniert im Prinzip bei der gesetzlichen Altersvorsorge genau so wie bei der betrieblichen oder privaten.

> **§ 10 VersAusglG.** (1) Das Familiengericht überträgt für die ausgleichsberechtigte Person zulasten des Anrechts der ausgleichspflichtigen Person ein Anrecht in Höhe des Ausgleichswertes bei dem Versorgungsträger, bei dem das Anrecht der ausgleichspflichtigen Person besteht (interne Teilung). (…)

Auch für Beamte und Richter des Bundes findet ein interner Ausgleich statt. Eine entsprechende Regelung für die Landesbeamten war dem Bundesgesetzgeber mangels Regelungskompetenz nicht möglich. Bei ihnen kann nur eine externe Teilung durchgeführt werden, es sei denn, dass die einzelnen Länder die interne Teilung in ihr Beamtenrecht übernehmen.

Die Anrechte aus der betrieblichen und privaten Altersvorsorge können nun schon bei der Scheidung vollständig geteilt werden. Einbezogen werden auch Kapitalleistungen der betrieblichen Altersversorgung. Nur wenn eine betriebliche Rentenanwartschaft noch nicht unverfallbar ist, muss der Ausgleich verschoben werden (§ 19 VersAusglG).

BEISPIEL: Herr Maurer (Antragsgegner) hat in der Ehe Rentenanwartschaften in Höhe von 463,50 € bei der Deutschen Rentenversicherung erworben, seine Frau (Antragstellerin) solche in Höhe von 173,00 €. Die Hälfte der Differenz (290,50 €) beträgt 145,25 €. Dieser Betrag ist auszugleichen.
Die Folgen merkt Herr Maurer zu diesem Zeitpunkt nur an seinem Beitragsbescheid. Erst mit Beginn des Rentenbezugs wird er die praktischen Wirkungen zu spüren bekommen. Seine Rente wird geringer sein.

4. Externe Teilung

In Ausnahmefällen kann eine externe Teilung vorgenommen werden. Extern bedeutet dabei, dass die Teilung nicht beim Versorgungsträger des ausgleichspflichtigen Ehegatten erfolgt. Stattdessen wird der Ausgleichswert bei einem anderen Versorgungsträger einbezahlt.

§ **14 VersAusglG.** (1) Das Familiengericht begründet für die ausgleichsberechtigte Person zulasten des Anrechts der ausgleichspflichtigen Person ein Anrecht in Höhe des Ausgleichswerts bei einem anderen Versorgungsträger als demjenigen, bei dem das Anrecht der ausgleichspflichtigen Person besteht (externe Teilung). (…).

Voraussetzung für die externe Teilung ist normalerweise, dass die ausgleichsberechtigte Person zustimmt (§ 14 VersAusglG). Bei kleineren Versorgungsansprüchen kann der Versorgungsträger einseitig die externe Teilung verlangen. Die ausgleichsberechtigte Person kann entscheiden, ob durch diese Zahlung eine für sie bereits bestehende Versorgung aufgestockt oder eine neue Versorgung begründet werden soll.

BEISPIEL: Wenn der Arbeitgeber von Herrn Schreiner dessen Ehefrau abfinden will, kann er mit deren Einverständnis das dieser zustehende Kapital aus der Pensionskasse in eine Lebensversicherung zu deren Gunsten einzahlen.

5. Schuldrechtliche Ausgleichszahlungen

Wenn eine ausgleichspflichtige Person eine laufende Versorgung aus einem noch nicht ausgeglichenen Anrecht bezieht, kann die aus-

86

gleichsberechtigte Person den Ausgleichswert als Rente verlangen (§ 20 VersAusglG).

6. Ausnahmen

In bestimmten Fällen findet ein Versorgungsausgleich nicht mehr statt. Geht es nur um einzelne geringe Ausgleichswerte oder ergeben sich auf beiden Seiten bei gleichartigen Anrechten ähnlich hohe Ausgleichswerte, soll das Familiengericht von der Durchführung des Ausgleichs absehen.

> **§ 18 VersAusglG.** (1) Das Familiengericht soll beiderseitige Anrechte gleicher Art nicht ausgleichen, wenn die Differenz ihrer Ausgleichswerte gering ist.
> (2) Einzelne Anrechte mit einem geringen Ausgleichswert soll das Familiengericht nicht ausgleichen. (...)

Für eine Rente liegt die Grenze bei einem Monatsbetrag von ca. 25 €, bei einem Kapitalwert bei ca. 3.000 €.

Auch bei einer kurzen Ehezeit von bis zu drei Jahren (einschließlich des Trennungsjahrs) findet ein Versorgungsausgleich nicht mehr statt, wenn nicht einer der Ehegatten den Ausgleich ausdrücklich beantragt.

7. Ausschluss des Versorgungsausgleichs

Der Versorgungsausgleich hat das Ziel, beiden Ehegatten zu einer gleichwertigen Altersvorsorge zu verhelfen, unabhängig davon, ob und in welchem Ausmaß Versorgungsanwartschaften während der Ehe erworben wurden. Das Prinzip des Versorgungsausgleichs kann aber in Ausnahmefällen durchbrochen werden. Das Gesetz enthält eine Bestimmung, die es ermöglicht, den Versorgungsausgleich auszuschließen.

> **§ 27 VersAusglG.** (1) Ein Versorgungsausgleich findet ausnahmsweise nicht statt, soweit er grob unbillig wäre. (...)

Wie alle Ausnahmeregelungen, ist auch diese Vorschrift eng auszulegen. Nur dann, wenn der Versorgungsausgleich den Grundsätzen der Versorgungsgerechtigkeit in unerträglicher Weise widersprechen würde, ist dieser auszuschließen.

RECHTSPRECHUNG: Der BGH hat entschieden, dass eine grobe Unbilligkeit vorliegen kann, wenn der ausgleichsberechtigte Ehegatte über Vermögen verfügt, durch welches seine Altersversorgung uneingeschränkt abgesichert ist und der Verpflichtete auf die von ihm erworbenen Versorgungsanrechte zur Sicherung seines Lebensbedarfs dringend angewiesen ist.

Aus der Länge der Trennungszeit allein kann eine Unbilligkeit grundsätzlich nicht hergeleitet werden. Auch bei mehrjähriger oder gar jahrzehntelanger Trennung ist der Versorgungsausgleich grundsätzlich durchzuführen. Eine grobe Unbilligkeit kann dann zu bejahen sein, wenn einer der Ehegatten eine gesetzliche Altersrente als Arbeitnehmer erworben hat, während sich der andere als Selbstständiger eine gleichwertige Altersvorsorge außerhalb der gesetzlichen Rentenversicherung aufgebaut hat.

BEISPIEL: Mathias Möller und Franziska Förster haben im August 2003 geheiratet. Die Ehe ist kinderlos geblieben. Herr Möller hat die ganze Zeit als angestellter Maschinenbauingenieur gearbeitet. Frau Förster hat während der Ehe Musikpädagogik studiert. Die beiden haben sich Anfang 2007 getrennt. Im Februar 2008 reicht Herr Möller die Scheidung ein.
Die Durchführung des Versorgungsausgleichs könnte unbillig sein.

Wenn ein Fall grober Unbilligkeit vorliegt, muss dies nicht unbedingt den vollständigen Ausschluss des Versorgungsausgleichs zur Folge haben. Es kommt auch ein teilweiser Ausschluss in Betracht.

8. Vereinbarungen über den Versorgungsausgleich

Der Versorgungsausgleich soll nach dem Gesetz unabhängig vom Willen der Eheleute durchgeführt werden. Dies schließt aber nicht aus, dass die Eheleute **Vereinbarungen** über den Versorgungsausgleich treffen können (§ 6 VersAusglG). Wenn eine solche Vereinbarung vor Rechtskraft der Entscheidung über den Wertausgleich geschlossen wird, bedarf diese der notariellen Beurkundung (§ 7 VersAusglG). Über die rechtliche Belehrungspflicht des Notars soll sichergestellt werden, dass kein unüberlegter Verzicht erfolgt.

Hinweis:

Die frühere Vorschrift, dass eine Vereinbarung über den Versorgungsausgleich unwirksam wird, wenn innerhalb eines Jahres nach deren Abschluss ein Scheidungsantrag bei Gericht eingereicht wird, ist nicht mehr gültig.

Vereinbarungen über den Versorgungsausgleich, die vor Gericht im Rahmen eines Scheidungsverfahrens getroffen werden, sind nicht mehr von einer Genehmigung durch das Familiengericht abhängig. Das Familiengericht hat aber zu überprüfen, ob die Vereinbarung einer Inhaltskontrolle standhält. Es gelten ähnliche Grundsätze wie bei Unterhaltsvereinbarungen. Auch der Verzicht auf Durchführung des Versorgungsausgleichs kann gem. § 138 BGB nichtig sein. In einer Gesamtschau aller Umstände ist zu prüfen, ob die Vereinbarung eine evident einseitige, durch nichts gerechtfertigte Lastenverteilung darstellt. Wenn sich die Verhältnisse später so verändern, dass ein Festhalten an der Vereinbarung unredlich wäre, kommt eine Ausübungskontrolle nach § 242 BGB in Betracht.

II. Kindesunterhalt

Am Unterhalt für die Kinder ändert sich durch die Scheidung nichts. Vor der Scheidung errichtete Unterhaltstitel behalten Ihre Gültigkeit. Ist der Kindesunterhalt noch nicht tituliert, kann dies zusammen mit der Scheidung geschehen.

Unterhaltsabänderung: Wenn bereits ein Unterhaltstitel besteht, kann es sein, dass dieser nicht mehr den aktuellen Verhältnissen entspricht. Der Unterhaltspflichtige kann zwischenzeitlich arbeitslos geworden sein oder aber auch befördert worden sein. Das Kind kann in eine höhere Altersstufe der Düsseldorfer Tabelle gekommen sein oder auch eine große Erbschaft gemacht haben. In allen diesen Fällen ist der Kindesunterhalt neu zu berechnen und der Unterhaltstitel anzupassen. Wenn keine außergerichtliche Lösung möglich ist, muss das Familiengericht im Wege einer **Abänderungsklage** entscheiden. Voraussetzung für eine Abänderung ist immer eine gewisse Erheblichkeit der Veränderungen, was nur bei Veränderungen von mindestens 10 % angenommen wird.

Hinweis:

Bei Unterhaltstiteln aufgrund alten Rechts kann eine Abänderungsklage auch darauf gestützt werden, dass nach neuem Recht eine andere Rangfolge gilt.

III. Ehegattenunterhalt nach der Scheidung

Der nacheheliche Gattenunterhalt ist die am härtesten umkämpfte Scheidungsfolge. Das neue, 2008 in Kraft getretene, Unterhaltsrecht hat wichtige Änderungen beim nachehelichen Unterhalt gebracht. Der Gesichtspunkt der nachehelichen Solidarität hat an Bedeutung verloren. Der Grundsatz der Eigenverantwortlichkeit hat eine stärkere Betonung erfahren. Dem geschiedenen Ehegatten wird grundsätzlich zugemutet, für sich selbst zu sorgen. Er muss nun früher als bisher in das Erwerbsleben zurückkehren.

Beim nachehelichen Ehegattenunterhalt sind diese Fragen zu prüfen:

(1) Ist ein Unterhaltstatbestand erfüllt?

(2) Wie hoch ist der Unterhaltsbedarf?

(3) Ist der Unterhalt verlangende Ehegatte bedürftig?

(4) Ist der in Anspruch genommene leistungsfähig?

(5) Ist der Unterhalt zu begrenzen oder zu versagen?

1. Unterhaltstatbestände

Ein Ehegatte kann von dem anderen nur dann nachehelichen Unterhalt verlangen, wenn ihm einer der gesetzlichen Unterhaltstatbestände zur Seite steht. Diese sind im Gesetz abschließend geregelt. Wenn keiner der gesetzlichen Unterhaltstatbestände erfüllt ist, wird kein Unterhalt geschuldet.

Wichtig!

Wenn Unterhalt erst nach der Scheidung geltend gemacht wird, ist immer zu prüfen, ob eine Lücke in der **Unterhaltskette** entstanden ist. Es muss für die gesamte Zeitspanne ab Rechtskraft der Scheidung ein Unterhaltstatbestand gegeben sein. Wenn die Unterhaltskette eine Unterbrechung aufweist, ist der Unterhaltsanspruch erloschen. Damit soll sichergestellt werden, dass für die Unterhaltsleistung ein zeitlicher, persönlicher und wirtschaftlicher Zusammenhang mit der Ehe besteht.

a) Betreuungsunterhalt: Der bedeutsamste nacheheliche Unterhaltstatbestand ist der wegen Betreuung eines gemeinschaftlichen Kindes. Die maßgebliche Vorschrift ist zum 1. 1. 2008 geändert worden.

§ 1570 BGB. (1) Ein geschiedener Ehegatte kann von dem anderen Unterhalt wegen der Pflege oder Erziehung eines gemeinschaftlichen Kindes für mindestens drei Jahre nach der Geburt Unterhalt verlangen. Die Dauer des Unterhalts verlängert sich solange und soweit dies der Billigkeit entspricht. Dabei sind die Belange des Kindes und die bestehenden Möglichkeiten der Kinderbetreuung zu berücksichtigen.
(2) Die Dauer des Unterhalts verlängert sich darüber hinaus, wenn dies unter Berücksichtigung der Gestaltung von Kinderbetreuung und Erwerbstätigkeit in der Ehe sowie der Dauer der Ehe der Billigkeit entspricht.

Mit der Neuregelung hat der Gesetzgeber der Entscheidung des BVerfG vom 28. 2. 2007 Rechnung getragen, das in der unterschiedlichen Behandlung verheirateter und unverheirateter Mütter beim Betreuungsunterhalt einen Verfassungsverstoß gesehen hatte. Der Gesetzgeber hat die notwendig gewordene Anpassung so vorgenommen, dass er die Ansprüche verheirateter Mütter denen unverheirateter Mütter angeglichen hat. Einem geschiedenen Ehegatten, der ein gemeinsames Kind betreut, steht für die ersten drei Lebensjahre des Kindes ein sog. **Basisunterhalt** zu. Für die Zeit danach wird Betreuungsunterhalt nur geschuldet, wenn es der Billigkeit entspricht (§ 1570 BGB).

Praxistipp:

Weisen Sie Ihre Frau auf ihre Erwerbsobliegenheit hin.
Die Pflicht zum Beginn der Arbeitsplatzsuche besteht schon einige Zeit vor dem Ende der Betreuungsphase.

Die Neuregelung bedeutet eine Abkehr vom früher angewandten **Altersphasenmodell,** welches sich am Alter der Kinder orientiert hatte. Für die betreuende Mutter bestand keine Erwerbsobliegenheit solange das jüngste Kind noch nicht in der dritten Schulklasse war. Danach wurde die Ausübung einer Halbtagstätigkeit erwartet. Wenn das jüngste Kind 15 Jahre alt war, wurde die Aufnahme einer Volltagstätigkeit verlangt.

Das frühere Altersphasenmodell ist mit dem neuen Recht unvereinbar. Der BGH hat allen Versuchen, ein modifiziertes Altersphasenmodell zu installieren, eine Absage erteilt. Da der Gesetzgeber ab Vollendung des dritten Lebensjahres den Vorrang der persönlichen Betreuung aufgegeben habe, sei die Grundlage für das Altersphasenmodell entfallen. Erforderlich sei die Prüfung aller Einzelumstände, die nicht durch eine pauschalierende Betrachtung ersetzt werden dürfe.

Bis das Kind drei Jahre alt ist soll der betreuende Elternteil frei entscheiden können, ob er eine Betreuungsmöglichkeit nutzen oder das Kind selbst betreuen will. Ihn trifft deshalb insoweit bei der Geltendmachung seines Unterhaltsanspruchs keinerlei Darlegungs- und Begründungspflicht.

Wenn das Kind drei Jahre alt ist, gilt der Vorrang der persönlichen Betreuung nicht mehr. Dann obliegt es dem betreuenden Elternteil, entsprechend der Dauer einer tatsächlichen oder unterhaltsrechtlich gebotenen Drittbetreuung einer Erwerbstätigkeit nachzugehen. Die vorhandenen Möglichkeiten der Kinderbetreuung sind zu nutzen. Längerer Betreuungsunterhalt kommt in Betracht, wenn eine Fremdbetreuung nicht möglich ist, etwa weil

- kein Kindergartenplatz zur Verfügung steht oder
- der nächste Kindergarten zu weit entfernt liegt.

Dies hat der Unterhalt beanspruchende Elternteil darzulegen und auch zu beweisen.

Praxistipp:

Weisen Sie Ihre Frau darauf hin, dass die Fremdbetreuungsmöglichkeiten zu nutzen sind. Verlangen Sie von ihr Auskunft über ihre Bemühungen, einen Kindergartenplatz oder eine anderweitige Betreuungsmöglichkeit für das Kind zu finden.

Der Anspruch auf Betreuungsunterhalt kann aus **kindbezogenen Gründen** verlängert werden. Betreuungsunterhalt wird vor allem im Interesse der Kinder gewährt. Im Einzelfall kann ein längerer Betreuungsbedarf bestehen, wenn das Kind

- behindert oder dauerhaft krank ist
- unter der Trennung besonders leidet oder
- in seiner Entwicklung gestört ist.

Hinweis:

Der Anspruch auf Betreuungsunterhalt setzt voraus, dass die Kinder tatsächlich von demjenigen, der Unterhalt verlangt, betreut werden. Dies ist nicht der Fall, wenn die Kinder nicht zu Hause versorgt werden, sondern in einem Internat untergebracht sind.

Der Anspruch auf Betreuungsunterhalt kann auch aus **ehebezogenen Gründen** verlängert werden. Das sind Gründe, die ihre Rechtfertigung in der Ehe haben. Der Grundsatz der nachehelichen Solidarität hat seine Bedeutung nicht ganz eingebüßt. Allerdings kommt es weniger auf die Länge der Ehe als die in der Ehe praktizierte Rollenverteilung an. Einem geschiedenen Ehegatten, der im Interesse der Kinder seine Erwerbstätigkeit dauerhaft aufgegeben hat, wird ein längerer Anspruch auf Betreuungsunterhalt zugebilligt als einem, der von vornherein möglichst bald wieder in den Beruf zurückkehren wollte. Entscheidend ist das in der Ehe gewachsene Vertrauen in die vereinbarte Rollenteilung und die praktizierte Ausgestaltung der Kinderbetreuung. Daneben ist auch die Anzahl der gemeinsamen Kinder bedeutsam, da sich die Betreuungsaufgaben erfahrungsgemäß erhöhen, wenn mehrere Kinder zu versorgen sind. Im Rahmen der Billigkeitsprüfung sind insbesondere diese Umstände zu würdigen:

- Welche Rollenverteilung wurde in der Ehe praktiziert?
- Wie war die Kinderbetreuung während der Ehe ausgestaltet?
- War die Ehefrau während der Ehe erwerbstätig?
- Wie lange hat die Ehe gedauert?

Insgesamt darf es nicht zu einer Überlastung des betreuenden Elternteils kommen. Wenn dieser durch Berufstätigkeit, Kinderbetreuung und Haushaltsführung übermäßig belastet würde, hätte dies nämlich mittelbar auch negative Folgen für das Kindeswohl, so der BGH. Eine Ganztagstätigkeit ist deshalb bei kleinen Kindern in der Regel überobligatorisch, eine Teilzeittätigkeit während der Kindergartenbetreuung hingegen zumindest bei Betreuung nur eines Kindes zumutbar.

In jedem Fall soll dem betreuenden Elternteil ein abrupter, übergangsloser Wechsel von der Kinderbetreuung zur Vollzeiterwerbstätigkeit erspart bleiben. Der Übergang kann in Stufen erfolgen.

Hinweis:

Ein Anspruch auf Betreuungsunterhalt besteht nur bei gemeinsamen ehelichen Kindern. Auch Kinder, die nach längerem Getrenntleben der Parteien, aber noch vor Scheidung geboren wurden, gelten nach § 1592 BGB als ehelich und rechtfertigen einen Anspruch auf Betreuungsunterhalt, bis deren Nichtehelichkeit festgestellt worden ist. Es ist deshalb von größter Wichtigkeit, die Vaterschaft sog. scheinehelicher Kinder alsbald anzufechten. Für Kinder, die nach der Scheidung geboren wurden, gilt die Vermutung des § 1592 BGB nicht, weshalb keine weiteren Maßnahmen erforderlich sind.

b) Unterhalt wegen Alters: Auch wegen Alters kann Unterhalt verlangt werden.

> **§ 1573 BGB.** (1) Soweit ein geschiedener Ehegatte keinen Unterhaltsanspruch nach den §§ 1570 bis 1572 hat, kann er gleichwohl Unterhalt verlangen, solange und soweit er nach der Scheidung keine angemessene Erwerbstätigkeit zu finden vermag. (…)

Grundsätzlich besteht eine Verpflichtung zur Erwerbstätigkeit. Der Grundsatz der Eigenverantwortlichkeit gilt auch für eine 50-jährige Frau nach 20-jähriger Ehe. Anders ist die Situation, wenn typischerweise in diesem Alter und dieser Berufssparte keine angemessene Arbeit mehr gefunden werden kann, z. B. bei Tänzerinnen, Mannequins und Profisportlern. Die Verpflichtung zur Erwerbstätigkeit endet spätestens mit Erreichen des Rentenalters.

RECHTSPRECHUNG: Dass der Unterhalt verlangende Ehegatte schon bei der Eheschließung in „vorgerücktem" Alter war, schließt nach BGH einen Anspruch auf Altersunterhalt nicht aus.

c) Unterhalt wegen Krankheit: Auch wegen Krankheit kann Unterhalt verlangt werden.

> **§ 1572 BGB.** Ein geschiedener Ehegatte kann von dem anderen Unterhalt verlangen, solange und soweit von ihm vom Zeitpunkt
> 1. der Scheidung (...) an wegen Krankheit oder anderer Gebrechen oder Schwäche seiner körperlichen oder geistigen Kräfte eine Erwerbstätigkeit nicht erwartet werden kann.

Damit ist der Begriff der Erwerbsunfähigkeit umschrieben. Nach dieser Vorschrift kann Unterhalt verlangt werden, wenn eine mindestens teilweise Erwerbsunfähigkeit vorliegt. Nicht ausreichend sind Einschränkungen bei Ausdauer, Belastbarkeit und Konzentrationsvermögen.

> **BEISPIEL:** Frau Hellwig leidet unter schweren Depressionen. Wenn sie deshalb nicht berufstätig sein kann, hat sie Anspruch auf Unterhalt.
> Allerdings muss sie alles tun, um ihre Krankheit therapieren zu lassen. Sonst gilt ihre Bedürftigkeit als mutwillig.

Dass eine Krankheit ehebedingt ist, ist nicht Voraussetzung. Selbst dann, wenn die Krankheit bereits bei Eheschließung vorhanden war, kann nachehelicher Unterhalt wegen Krankheit verlangt werden.

d) Unterhalt wegen Ausbildung: Ein nachehelicher Unterhaltsanspruch kann sich auch als Folge ehebedingter Nachteile bei der Ausbildung ergeben.

> **§ 1575 BGB.** (1) Ein geschiedener Ehegatte, der in Erwartung der Ehe oder während der Ehe eine Schul- oder Berufsausbildung nicht aufgenommen oder abgebrochen hat, kann von dem anderen Ehegatten Unterhalt verlangen, wenn er diese oder eine entsprechende Ausbildung sobald wie möglich aufnimmt, um eine angemessene Erwerbstätigkeit, die den Unterhalt nachhaltig sichert, zu erlangen und der erfolgreiche Abschluss der Ausbildung zu erwarten ist. Der Anspruch besteht längstens für die Zeit, in der eine solche Ausbildung im allgemeinen abgeschlossen wird; dabei sind ehebedingte Verzögerungen der Ausbildung zu berücksichtigen.
> (2) Entsprechendes gilt, wenn sich der geschiedene Ehegatte fortbilden oder umschulen lässt, um Nachteile auszugleichen, die durch die Ehe eingetreten sind. (...)

Ausbildungsunterhalt kann nur für den Zeitraum verlangt werden, den der unterhaltsberechtigte Ehegatte benötigt, eine angemessene Ausbildung nachzuholen. Die Ausbildung muss zügig und zielstrebig absolviert werden. Bei einem Verstoß gegen diese Obliegenheit entfällt der Anspruch aus § 1575 BGB.

Praxistipp:

Es kann durchaus in Ihrem Interesse liegen, dass Ihre Frau eine Ausbildung macht. Dies belastet Sie zwar für eine gewisse Zeitspanne, lässt aber für später eine dauerhafte Entlastung erwarten.

e) Aufstockungsunterhalt: Gelingt es dem Unterhaltsberechtigten nicht seinen Lebensbedarf durch eigene Erwerbstätigkeit zu sichern, kann er einen Anspruch auf Aufstockungsunterhalt haben.

§ 1573 BGB. (...) (4) Der geschiedene Ehegatte kann auch dann Unterhalt verlangen, wenn die Einkünfte aus einer angemessenen Erwerbstätigkeit wegfallen, weil es ihm trotz seiner Bemühungen nicht gelungen war, den Unterhalt durch die Erwerbstätigkeit nach der Scheidung nachhaltig zu sichern. War es ihm gelungen, den Unterhalt teilweise nachhaltig zu sichern, so kann er den Unterschiedsbetrag zwischen dem nachhaltig gesicherten und dem vollen Unterhalt verlangen. (...)

Voraussetzung ist, dass der Unterhalt beanspruchende Ehegatte zwar einer Erwerbstätigkeit nachkommt, aber daraus nur unzureichende Einkünfte erzielt. Der geschiedene Ehegatte ist zu einer angemessenen Erwerbstätigkeit verpflichtet. Der Begriff der Angemessenheit ist im Licht des neuen Unterhaltsrechts zu sehen, das keinen absoluten Schutz gegen sozialen Abstieg für den Fall der Scheidung mehr kennt. Die ehelichen Lebensverhältnisse sind kein Regelkriterium mehr, sondern nur noch im Rahmen einer Billigkeitsprüfung zu berücksichtigen.

2. Einkommensermittlung

Die Höhe des Ehegattenunterhalts hängt wesentlich vom Einkommen des Unterhaltspflichtigen ab. Dieser hat auf Verlangen Auskunft über sein Einkommen zu geben.

a) Auskunft. Der unterhaltsrechtliche Auskunftsanspruch endet nicht mit der Scheidung. Auch danach kann jeder Ehegatte vom anderen Auskunft über dessen Einkommen verlangen. Wenn für den Trennungsunterhalt Auskunft gefordert wurde, kann für den nachehelichen Unterhalt erneut Auskunft verlangt werden. Trennungsunterhalt und nachehelicher Unterhalt gelten als unterschiedliche Streitgegenstände. Normalerweise kann das Auskunftsverlangen alle zwei Jahre neu gestellt werden (§ 1605 BGB), wenn wesentlichen Änderungen geltend gemacht werden, auch öfter.

Wichtig!

Eine für den Trennungsunterhalt erklärte Mahnung wirkt nicht für den nachehelichen Unterhalt. Es ist eine erneute Inverzugsetzung erforderlich. Wenn diese unterlassen wird, kann später Unterhalt nur für die Zeit ab Klageerhebung verlangt werden, nicht aber für den inzwischen verstrichenen Zeitraum. Das Gleiche gilt, wenn zwar Auskunft verlangt, der Unterhalt dann aber nicht zeitnah beziffert wurde.

Praxistipp:

Ebenso wie Sie ist auch Ihre Ex-Frau zur Auskunft verpflichtet.
Wenn diese falsche Angaben liefert oder bedeutsame unterhaltsrelevante Tatsachen verschweigt, kann dies zur teilweisen oder gänzlichen Verwirkung des Ehegattenunterhalts führen. Außerdem kann Ihnen kann dann ein Schadensersatzanspruch zustehen.

Normalerweise muss nur auf Verlangen Auskunft erteilt werden. Handelt es sich aber um besonders wichtige unterhaltsrechtliche Umstände, deren Verschweigen in hohem Maße unredlich wäre, besteht eine Pflicht zur ungefragten Information.

BEISPIEL: Die Eheleute Baselitz sind seit 2002 geschieden. Frau Baselitz erhält monatlich 900 € als Ehegattenunterhalt. Seit 2004 lebt sie mit ihrem neuen Lebenspartner zusammen, mit dem sie ein gemeinsames Konto hat. Dies muss sie ihrem Ex-Mann ungefragt mitteilen.

b) Einkommen: Für die Ermittlung des Einkommens als Grundlage des nachehelichen Unterhaltanspruchs gelten die zum Trennungsunterhalt dargestellten Maßstäbe.

c) Schulden: Ehebedingte Verbindlichkeiten sind zu berücksichtigen. Dies gilt z. B. für die Bedienung gemeinsamer Altschulden aus einem gemeinsamen Anschaffungskredit. Nach der Trennung entstandene Schulden sind dann zu berücksichtigen, wenn sie trennungsbedingt sind. Andere Schulden können nur ausnahmsweise berücksichtigt werden, wenn sie unausweichlich waren.

d) Einkommensveränderungen: Wenn sich das Einkommen des Unterhaltsverpflichteten nach der Trennung erhöht, kann sich dies unterhaltserhöhend auswirken. Der nacheheliche Unterhalt ist zwar nach den ehelichen Lebensverhältnissen zu bemessen, spätere Änderungen sind aber grundsätzlich zu berücksichtigen. Der BGH betont zunehmend die Wandelbarkeit der ehelichen Lebensverhältnisse. Während er zunächst davon ausgegangen war, dass nach der Scheidung eingetretene Veränderungen die Lebensverhältnisse nicht prägten, hat er später das sog. Stichtagprinzip immer mehr gelockert. Nun zieht er die Grenze dort, wo der Unterhaltsberechtigte besser stehen würde, als er während der Ehe stand oder aufgrund einer schon absehbaren Entwicklung ohne die Scheidung stehen würde.

Der Unterhaltsberechtigte nimmt jedenfalls an Einkommenssteigerungen des Unterhaltsverpflichteten teil soweit diese in der Ehe angelegt waren. Dies ist der Fall, wenn ein normaler, voraussehbarer Karriereverlauf zugrunde liegt. Nach der Rechtsprechung zählen dazu beispielsweise der Aufstieg

- vom Hauptmann zum Major   .
- vom Assistenzarzt zum Oberarzt
- vom Betriebsratsvorsitzenden zum Gewerkschaftssekretär.

Den vorhersehbaren Einkommensverbesserungen stehen solche gegenüber, die auf einem untypischen, überraschenden Karriereverlauf beruhen („**Karrieresprung**"). Davon ist nach der Rechtsprechung beispielsweise auszugehen bei einem Aufstieg

- vom gehobenen zum höheren Dienst
- vom Sonderschullehrer zum Konrektor
- vom mittleren Management in die oberste Führungsebene.

98

Einkommenssteigerungen aufgrund eines Karrieresprungs lässt der BGH weiterhin grundsätzlich unberücksichtigt. Die Nichtberücksichtigung verliert seiner Meinung nach aber dann ihre Rechtfertigung, wenn gleichzeitig neue Unterhaltsberechtigte hinzugetreten sind, die mit entgegengesetzter Wirkung den Unterhaltsbedarf der Ex-Frau mindern. Soweit ein Karrieresprung lediglich neu hinzugetretene Unterhaltsberechtigte auffängt, ist das erhöhte Einkommen also doch in die Unterhaltsberechnung einzubeziehen. Dabei wird der Unterhaltsanspruch für die geschiedene Ehefrau allerdings begrenzt auf den Betrag, der ihr sonst (ohne Karrieresprung und weitere Unterhaltsberechtigte) zustünde.

Einkommensveränderungen sind nicht nur dann unterhaltsrelevant, wenn es um eine Erhöhung geht. Umgekehrt können Einkommensminderungen zur Unterhaltsherabsetzung führen, namentlich dann, wenn sich der Unterhalt verlangende Ehegatte auch bei Fortbestehen der Ehe darauf hätte einrichten müssen. Der geschiedene Ehegatte soll nicht besser gestellt werden als er ohne Scheidung stünde.

Praxistipp:

Wenn sich Ihre Einkommenssituation wesentlich verschlechtert hat, können Sie verlangen, dass der Unterhalt herabgesetzt wird. Ist der Unterhalt durch eine Gerichtsentscheidung festgelegt worden, müssen Sie möglicherweise umgehend Klage erheben, da eine rückwirkende Abänderung grundsätzlich nicht möglich ist. Ist der Unterhalt in einem Vergleich geregelt, stellt sich dieses Problem nicht, da es insoweit keine Zeitgrenze für die Abänderung gibt.

3. Unterhaltsbedarf

Der Unterhaltsanspruch umfasst den gesamten Lebensbedarf.

a) Unterhaltsbestandteile: Dazu gehört insbesondere der **Elementarunterhalt**. Dieser umfasst den regelmäßigen Bedarf für Nahrung, Kleidung, Wohnung genauso wie für Kino, Konzerte oder Urlaub.

Ebenfalls zum Unterhaltsbedarf gehört der **Vorsorgeunterhalt.** Dieser dient der Sicherung im Alter und bei Erwerbsunfähigkeit.

Da mit der Durchführung des Versorgungsausgleichs die Teilhabe an der Altersversorgung des anderen Ehegatten endet, kommt für die Zeit danach ein Anspruch auf Vorsorgeunterhalt in Betracht.

Zum Unterhaltsbedarf zählen auch die **Krankenversicherungskosten,** die nach der Scheidung besonders zu berücksichtigen sind, weil keine Möglichkeit der Mitversicherung des anderen Ehegatten mehr besteht.

Nach der Systematik des Gesetzes ist der Anspruch auf nachehelichen Ehegattenunterhalt nicht die Regel, sondern die Ausnahme. Für die Zeit nach der Scheidung gilt der Grundsatz der Eigenverantwortlichkeit.

> **§ 1569 BGB.** Nach der Scheidung obliegt es jedem Ehegatten, selbst für seinen Unterhalt zu sorgen. (. . .)

Wird ein Unterhaltsanspruch bejaht, kann dieser nach Höhe und Dauer beschränkt werden. Das war schon nach dem alten Unterhaltsrecht möglich. So hat der BGH in einer Entscheidung vom März 2007 den nachehelichen Unterhalt einer nach 13 Ehejahren geschiedenen Frau, die zwei gemeinsame Kinder aufgezogen hatte, befristet. Das neue Unterhaltsrecht hat den Grundsatz der Eigenverantwortung verschärft.

> **§ 1574 BGB.** (1) Dem geschiedenen Ehegatten obliegt es, eine angemessene Erwerbstätigkeit auszuüben.
> (2) Angemessen ist eine Erwerbstätigkeit, die der Ausbildung, den Fähigkeiten, einer früheren Erwerbstätigkeit, dem Lebensalter und dem Gesundheitszustand des geschiedenen Ehegatten entspricht, soweit eine solche Tätigkeit nicht nach den ehelichen Verhältnissen unbillig wäre. Bei den ehelichen Lebensverhältnissen sind insbesondere die Dauer der Ehe sowie die Dauer der Pflege oder Erziehung eines gemeinschaftlichen Kindes zu berücksichtigen. (. . .)

Eine Tätigkeit in einem früher ausgeübten Beruf ist grundsätzlich immer angemessen, auch dann, wenn eine höhere Berufsqualifikation vorhanden ist, zwischenzeitlich aber eine geringer qualifizierte Tätigkeit ausgeübt wurde.

BEISPIEL: Frau Lindner hat Biologie studiert. Sie hat aber nicht als Biologin gearbeitet, sondern als Hilfskraft in einem Kinderhort. Sie kann sich nicht auf den Standpunkt stellen, nur eine Arbeit als Biologin annehmen zu müssen.

Der nacheheliche Bedarf des Unterhaltsberechtigten wird durch die Lebensverhältnisse während der Ehe bestimmt, in erster Linie durch die Einkommensverhältnisse. Bei sehr hohen Einkommen wird erfahrungsgemäß nicht das gesamte Geld für den Lebensbedarf verwendet. Ein Teil wird vielmehr der Vermögensbildung zugeführt. Dieser Teil, der den Lebensstandard nicht geprägt hat, bleibt bei der Unterhaltsbemessung unberücksichtigt. Bei niedrigen Einkommen ist hingegen davon auszugehen, dass das gesamte Einkommen für den Unterhalt verwendet wird. Bei der Unterhaltsberechnung ist deshalb das gesamte Einkommen zugrunde zu legen.

Von Bedeutung ist auch, welche Belastungen das verfügbare Einkommen geschmälert haben. Dabei sind nicht zuletzt Unterhaltslasten zu berücksichtigen.

RECHTSPRECHUNG: Auch Unterhaltslasten für nicht gemeinschaftliche minderjährige Kinder, die vor der Scheidung geboren wurden, sind nach Meinung der BGH eheprägend und führen deshalb sowohl zu einer Reduzierung des Bedarfs wie auch der Leistungsfähigkeit.

Ein Anspruch auf nachehelichen Unterhalt besteht nur, wenn und soweit der Unterhalt Beanspruchende seinen Bedarf nicht selbst decken kann. Dieser muss sich bemühen, die Unterhaltslast so gering wie möglich zu halten. Dies bedeutet, dass er alle zumutbaren Möglichkeiten nutzen muss, um ein ausreichendes eigenes Einkommen zu erzielen.

Praxistipp:

Wenn Ihre Frau für Ihren neuen Lebenspartner den Haushalt führt, kann sich das auf den Unterhaltsbedarf auswirken. Die Haushaltsführung wird als geldwerte Versorgungsleistung angesehen, deren Vergütung sich nach der Leistungsfähigkeit des neuen Partners richtet.

Beim nachehelichen Unterhalt sind strengere Maßstäbe anzulegen als beim Trennungsunterhalt. Der Unterhaltsberechtigte kann nun verpflichtet sein, seinen Vermögensstamm zu verwerten (§ 1577 BGB).

b) Erwerbsobliegenheit: Nach der Scheidung besteht grundsätzlich eine Verpflichtung zu vollschichtiger Erwerbstätigkeit. Ausnahmen gibt es nur, soweit vom Gesetz vorgesehen, bei

- Kinderbetreuung
- Krankheit
- Alter
- besonderer Bedürftigkeit.

Praxistipp:

Wenn Ihre Frau Ihrer Erwerbsobliegenheit nicht nachkommt, ist ihr ein fiktives Einkommen zuzurechnen, welches sich danach bemisst, was sie bei Erfüllung ihrer Erwerbsverpflichtung verdienen würde.

4. Leistungsfähigkeit

Die Leistungsfähigkeit wird nicht nur durch das tatsächliche Einkommen, sondern auch durch die Erwerbsfähigkeit bestimmt. Der Unterhaltspflichtige muss die eigene Arbeitskraft so gut wie möglich einzusetzen, um ausreichende Einkünfte zu erzielen. Wenn er gegen seine Erwerbspflicht verstößt, wird ihm ein fiktives Einkommen zugerechnet. Dieses bestimmt sich danach, welche Einkünfte er angesichts seiner Ausbildung erzielen könnte.

a) Selbstbehalt: Auch für den Ehegattenunterhalt nach der Scheidung ist der **Selbstbehalt** zu beachten. Dieser beträgt 1.000 € – unabhängig davon, ob der Unterhaltspflichtige erwerbstätig ist oder nicht. Im Falle des Zusammenlebens mit einem neuen Ehepartner kann eine Reduktion des Selbstbehalts um 10 bis maximal 15 % angebracht sein.

b) Rangfolge: Reichen die Einkünfte des Unterhaltspflichtigen nicht aus, alle Unterhaltsansprüche zu befriedigen, kommt es auf die

Rangfolge an. Das neue Unterhaltsrecht hat eine grundlegende Änderung der Rangverhältnisse gebracht.

> **§ 1609 BGB.** Sind mehrere Unterhaltsberechtigte vorhanden und ist der Unterhaltspflichtige außerstande, allen Unterhalt zu gewähren, gilt folgende Rangfolge:
> 1. minderjährige unverheiratete Kinder und Kinder im Sinne des § 1603 Abs. 2 Satz 2,
> 2. Elternteile, die wegen der Betreuung eines Kindes unterhaltsberechtigt sind oder im Fall einer Scheidung wären, sowie Ehegatten und geschiedene Ehegatten bei einer Ehe von langer Dauer; bei der Feststellung einer Ehe von langer Dauer sind auch die Nachteile im Sinne des § 1578 b Abs. 1 Satz 2 und 3 zu berücksichtigen
> 3. Ehegatten und geschiedene Ehegatten, die nicht unter Nummer 2 fallen,
> 4. Kinder, die nicht unter Nummer 1 fallen,
> 5. Enkelkinder und weitere Abkömmlinge,
> 6. Eltern,
> 7. weitere Verwandte der aufsteigenden Linie; unter ihnen gehen die Näheren den Entfernteren vor.

Minderjährige Kinder als besonders schutzwürdige Unterhaltsberechtigte stehen an erster Stelle. An zweiter Stelle stehen alle Frauen, die gemeinsame Kinder betreuen, gleichgültig, ob diese aus einer Ehe oder einer nichtehelichen Verbindung stammen. Geschiedene Ehefrauen, die keinen Anspruch auf Betreuungsunterhalt haben, stehen diesen nur dann im Rang gleich, wenn die Ehe von langer Dauer war.

> **BEISPIEL:** Hans und Helga Meier waren fünf Jahre verheiratet. Ihre Ehe ist kinderlos geblieben. Herr Meier ist eine neue Beziehung mit Frau Beate Müller eingegangen, aus der die Tochter Monika (1) hervorgegangen ist.
> Die Rangfolge der Unterhaltsberechtigten sieht so aus:
> 1. Tochter Monika (minderjähriges Kind)
> 2. Beate Müller (betreuungsunterhaltsberechtigte Mutter)
> 3. Ex-Ehefrau Helga Meier (keine Ehe von langer Dauer).

5. Unterhaltsberechnung

Für die Berechnung des nachehelichen Unterhalts gilt im Prinzip dasselbe wie für den Trennungsunterhalt. Auszugehen ist wiederum vom **bereinigten Nettoeinkommen** des Unterhaltspflichtigen (Nettoverdienst abzüglich berufsbedingter Aufwendungen).

Hinweis:

Wenn Sie wieder heiraten, ist für den Unterhalt der Ex-Frau nicht Ihr tatsächliches, sondern ein fiktives Einkommen zugrunde zu legen = das Einkommen, welches Sie als Unverheirateter hätten. Dies ist die Konsequenz einer Entscheidung des BVerfG vom 7. 10. 2003, mit der die frühere Rechtsprechung des BGH für verfassungswidrig erklärt worden ist. Die aus der Wiederheirat resultierenden Steuervorteile sollen nur der neuen Ehefrau zugute kommen.

a) Erwerbstätigenbonus: Zu berücksichtigen ist auch wieder der **Erwerbstätigenbonus**, der jedem Erwerbstätigen anrechnungsfrei verbleiben soll, $1/7$ des Erwerbseinkommens nach der Mehrzahl der Oberlandesgerichte (DT), $1/10$ nach den Süddeutschen Leitlinien (SL).

b) Wohnvorteil: Auch beim nachehelichen Unterhalt ist der Wohnvorteil zu berücksichtigen. Anders als für die Zeit des Getrenntlebens ist nun in jedem Fall die **Marktmiete** anzusetzen, d. h. die Miete, die auf dem Wohnungsmarkt für ein vergleichbares Objekt zu zahlen ist. Dies gilt auch dann, wenn die Wohnung oder das Haus für den allein zurückgebliebenen Ehegatten zu groß ist und dessen wirtschaftliche Verhältnisse übersteigt. Nach der Scheidung besteht die Verpflichtung zur vollen Nutzung des Vermögens.

Hinweis:

Im Falle der Veräußerung des Familienheims wird der Erlös nach neuerer Rechtsprechung als Ersatz des früheren Wohnwertes gesehen. Wenn die Zinsen aus dem Verkaufserlös den früheren Wohnwert übersteigen, werden diese als eheprägend angesehen.

c) Betreuungsbonus: Wenn der Unterhaltsberechtigte Einkünfte erzielt, die nach den Umständen als unzumutbar anzusehen sind, ist dies auch beim nachehelichen Unterhalt besonders zu würdigen. Es gelten die gleichen Grundsätze wie für den Trennungsunterhalt. Je nach den Umständen des Einzelfalles kann ein Betreuungsbonus in Höhe von 150 € bis 300 € angesetzt werden.

d) Berechnungsmethoden: Wie beim Trennungsunterhalt ist für die Berechnung des nachehelichen Unterhalts vom **bereinigten Nettoeinkommen** des Unterhaltspflichtigen (Nettoverdienst abzüglich berufsbedingter Ausgaben) auszugehen.

Für die Unterhaltsberechnung gibt es verschiedene Methoden, die zu verschiedenen Ergebnissen führen. In der Rechtspraxis ist der Streit darüber im Wesentlichen entschieden. Im Allgemeinen wird die Differenzmethode angewandt.

Differenzmethode. Wenn die ehelichen Lebensverhältnisse vom Einkommen beider Eheleute geprägt wurden, wird die Differenzmethode angewandt. Danach wird der Unterhaltsbetrag aus der Differenz der bereinigten Nettoeinkommen des Unterhaltsverpflichteten und des Unterhaltsberechtigten ermittelt.

BEISPIEL für Differenzmethode (ohne Erwerbstätigenbonus):	
Einkommen des Mannes	3.000 €
Einkommen der Frau	1.000 €
Unterhaltsanspruch der Frau:	
Unterhaltsbedarf 3.000 + 1.000 = 4.000 / 2	= 2.000 €
Anzurechnendes Einkommen	./. 1.000 €
Unterhaltsanspruch	1.000 €

Diese Methode gilt praktisch für alle Fälle, in denen beide Ehegatten berufstätig sind, auch dann, wenn der Berechtigte erst nach der Trennung eine Berufstätigkeit aufgenommen hat. Der BGH hat seine frühere Rechtsprechung, dass die ehelichen Lebensverhältnisse in diesem Fall nur durch das Einkommen des Pflichtigen bestimmt würden, 2001 aufgegeben. Er betrachtet nun die erst nach der Trennung aufgenommene oder erweiterte Erwerbstätigkeit des Unterhaltsberechtigten als Surrogat für die frühere Haushaltsführung. Erwerbstätigkeit und Hausarbeit werden also unterhaltsrechtlich gleichgestellt. Die unterhaltsrechtliche Position geschiedener Hausfrauen ist damit wesentlich verbessert worden.

Anrechnungsmethode. Die früher öfter angewandte Anrechnungsmethode kommt nur noch selten zur Anwendung, nämlich bei Einkünften, welche die ehelichen Lebensverhältnisse nicht geprägt haben und nicht als Surrogat früherer Hausfrauentätigkeit anzusehen sind. Dies betrifft im Wesentlichen Vermögenseinkünfte.

Nach der Anrechnungsmethode wird aus dem bereinigten Nettoeinkommen des Pflichtigen zunächst die Quote des Berechtigten errechnet (z. B. $^4/_7$ zu $^3/_7$) und anschließend dessen bereinigtes Nettoeinkommen davon abgezogen.

BEISPIEL für Anrechnungsmethode (ohne Erwerbstätigenbonus):	
Einkommen des Mannes	3.000 €
Einkommen der Frau	1.000 €
Unterhaltsanspruch der Frau:	
Unterhaltsbedarf 3.000 / 2	= 1.500 €
Anzurechnendes Einkommen ./.	./. 1.000 €
Unterhaltsanspruch	500 €

Gemischte Methode. Wenn die ehelichen Lebensverhältnisse durch Einkommen des Unterhaltspflichtigen und des Unterhaltsberechtigten geprägt wurden und letzterer nach der Trennung zusätzliche nichtprägende Einkünfte erworben hat, ist die gemischte Differenz-/Anrechnungsmethode anzuwenden. Aus dem prägenden bereinigten Nettoeinkommen beider Ehegatten ist die Unterhaltsquote zu bestimmen. Von dieser ist dann das nichtprägende Einkommen des Berechtigten abzuziehen.

BEISPIEL für gemischte Methode (ohne Erwerbstätigenbonus):	
Einkommen des Mannes	3.000 €
Erwerbseinkommen der Frau (prägend)	1.000 €
Vermögenseinkommen der Frau (nichtprägend)	500 €
Unterhaltsanspruch der Frau:	
Unterhaltsbedarf 4.000 / 2	= 2.000 €
Anzurechnendes Einkommen	./. 2.500 €
Unterhaltsanspruch	1.500 €

e) Berechnungsschritte: Zur Berechnung des nachehelichen Ehegattenunterhalts sind die gleichen Rechenschritte wie beim Trennungsunterhalt (Berechnungsbeispiel S. 59 f.) erforderlich. Zusätzlich ist darauf zu achten, ob die Einkünfte des Unterhaltspflichtigen die Ehe geprägt haben. Nur insoweit sind sie beim nachehelichen Unterhalt zu berücksichtigen.

Checkliste

- ☐ **Einkommen des Unterhaltspflichtigen**
- ☐ Durchschnittliches Nettoeinkommen
- ☐ Weitere geldwerte Leistungen?
- ☐ Berufsbedingte Aufwendungen?
- ☐ Berücksichtigungsfähige Schulden?
- ☐ **Berechnung des Kindesunterhalts**
- ☐ **Berechnung des Ehegattenunterhalts**
- ☐ Einkommen des Unterhaltspflichtigen eheprägend?
- ☐ Erwerbstätigenbonus beim Unterhaltspflichtigen?
- ☐ Erwerbstätigenbonus beim Unterhaltsberechtigten?
- ☐ Betreuungsbonus beim Unterhaltsberechtigten?

Bei Mangelfällen ist die Rangordnung des § 1609 BGB zu beachten. Zuerst sind die Unterhaltsansprüche der Kinder zu befriedigen, dann die der Elternteile bzw. Ehegatten auf Rang 2, anschließend die der Ehegatten auf Rang 3, danach die der volljährigen Kinder usw.

Praxistipp:

Der frühere Vorrang der geschiedenen Ehefrau vor der neuen Frau ist entfallen. Wenn Sie eine neue Beziehung eingehen und noch ein Kind wollen, müssen Sie nicht mehr befürchten, dass kein Geld mehr für die neue Frau zur Verfügung steht, auch dann nicht, wenn Sie Ihre neue Partnerin nicht heiraten.

Es sind immer die jeweiligen Sätze für den Selbstbehalt des Unterhaltspflichtigen zu beachten.

BEISPIEL: Herr Franz Lehmann hat ein bereinigtes Nettoeinkommen von 1.450 €. Er ist seinen beiden Söhnen Moritz (6) und Max (2) sowie seiner geschiedenen Frau Lena gegenüber unterhaltspflichtig.
Der Unterhalt für Moritz (2. Altersstufe) beträgt 272 € (364 €./. 92 € hälftiges Kindergeld).
Der Unterhalt für Max (1. Altersstufe) beträgt 225 € (317 €./. 92 € hälftiges Kindergeld).
Nach Abzug der Unterhaltsbeträge für die Kinder verbleiben ihm 953 €. Da dieser Betrag über dem notwendigen Selbstbehalt (900 €) liegt, ist Herr Lehmann insoweit leistungsfähig. Sein Selbstbehalt beim Ehegattenunterhalt beträgt 1.000 €. Seiner Ex-Frau gegenüber ist Herr Lehmann also nicht leistungsfähig.

6. Unterhaltsvereinbarungen

Nicht selten werden bei Eheschließung oder später Regelungen über die Ausgestaltung der Ehe und die Folgen ihres möglichen Scheiterns getroffen. In vielen Fällen geht es um den nachehelichen Unterhalt. Im Gegensatz zum Trennungsunterhalt kann auf nachehelichen Unterhalt prinzipiell verzichtet werden. Dies ist Ausfluss der Privatautonomie, die allerdings nicht schrankenlos ist.

Das BVerfG hat 2001 in einer wegweisenden Entscheidung die Grenzen der Privatautonomie bei Eheverträgen neu definiert. Das Gericht hat ausgeführt, dass sich die Selbstbestimmung nicht in Fremdbestimmung verkehren darf und die Vertragsfreiheit dort endet, wo das Ergebnis nicht Ausdruck und Ergebnis gleichberechtigter Partnerschaft ist, sondern auf einseitiger Dominanz beruht. In dem vom BVerfG entschiedenen Ausgangsfall hatte sich eine hochschwangere Frau in dem kurz vor der Eheschließung geschlossenen Ehevertrag u. a. bereit erklärt, auf Versorgungsausgleich und Unterhalt für den Fall der Scheidung zu verzichten.

Die Vorgaben des BVerfG sind später vom BGH zu einem System der gerichtlichen Kontrolle von Eheverträgen und Scheidungsvereinbarungen entwickelt worden.

Hinweis:

Die Beurteilung der Sittenwidrigkeit eines Ehevertrages erfolgt auf Basis der aktuellen Rechtsprechung. Einen Bestandschutz für alte Verträge gibt es nicht. Viele in früheren Jahren abgeschlossene Eheverträge sind unwirksam. Erst bei Eheverträgen ab 2005 dürfte davon auszugehen sein, dass sie der aktuellen Rechtsprechung genügen und gültig sind.

Nach Auffassung des BGH wird der Schutzzweck der gesetzlichen Regelungen unterlaufen, wenn es zu einer evident einseitigen und durch die individuelle Gestaltung der ehelichen Lebensverhältnisse nicht zu rechtfertigenden Lastenverteilung kommt.

Hinweis:

Eine Inhaltskontrolle kann nicht nur zugunsten des Unterhalt beanspruchenden Ehegatten erfolgen, sondern auch zugunsten des auf Unterhalt in Anspruch Genommenen.

Die Prüfung erfolgt in zwei Stufen:

(1) Wirksamkeitskontrolle

(2) Ausübungskontrolle.

In der ersten Stufe hat eine **Wirksamkeitskontrolle** (§ 138 BGB: Nichtigkeit wegen Sittenwidrigkeit), bezogen auf den Zeitpunkt des Vertragsabschlusses, zu erfolgen. Das Gericht hat zu prüfen, ob die Vereinbarung schon im Zeitpunkt ihres Zustandekommens offenkundig zu einer einseitigen Lastenverteilung für den Scheidungsfall führt. Dies ist nicht unbedingt anzunehmen, wenn bei Vertragsabschluss nicht absehbar war, ob oder wann der Berechtigte unterhaltsbedürftig werden könnte. Zu berücksichtigen ist, ob nachteilige Wirkungen für den Berechtigten durch anderweitige Vorteile gemildert werden.

RECHTSPRECHUNG: Der BGH hat wiederholt ausgeführt, dass die Schwangerschaft der Frau bei Abschluss des Ehevertrags für sich alleine zwar nicht ausreicht, um eine subjektive Unterlegenheit und Sittenwidrigkeit des Vertrags nach § 138 BGB zu bejahen. Sie ist allerdings ein starkes Indiz für eine Disparität bei Vertragsabschluss.

Entscheidend ist die Gesamtheit der Einzelumstände. Die Einkommens- und Vermögensverhältnisse sind genauso zu berücksichtigen wie die Vorstellungen der Ehegatten in Bezug auf den Zuschnitt Ihrer Ehe. Zu klären sind insbesondere die subjektiven Beweggründe, die den begünstigten Ehegatten zu seinem Verlangen veranlasst und den benachteiligten bewogen haben, diesem Verlangen zuzustimmen.

Eine Unwirksamkeit ist umso eher anzunehmen, je mehr der Kernbereich des Scheidungsfolgenrechts betroffen ist, und zwar in folgender Reihenfolge:

■ Unterhalt wegen Betreuung gem. § 1570 BGB

- Unterhalt wegen Krankheit gem. § 1572 BGB

- Unterhalt wegen Alters gem. § 1571 BGB

- Unterhalt wegen Erwerbslosigkeit gem. § 1573 BGB

- Altersvorsorgeunterhalt gem. § 1578 BGB

- Ausbildungsunterhalt gem. § 1575 BGB

- Aufstockungsunterhalt gem. § 1573 BGB.

Hinweis:

Notarielle Verträge enthalten regelmäßig eine Klausel, dass die restlichen Bestimmungen ihre Gültigkeit behalten sollen falls sich eine als unwirksam erweisen sollte (salvatorische Klausel). Diese Klausel hat nach Meinung des BGH dann keine Wirkung, wenn eine Seite ausnahmslos benachteiligt wird und dies durch keine berechtigten Belange der anderen Seite gerechtfertigt ist. Dann erfasst die Nichtigkeitsfolge den gesamten Vertrag.

In einer zweiten Stufe ist im Rahmen einer **Ausübungskontrolle** (§ 242 BGB: Grundsatz von Treu und Glauben) zu prüfen, ob und inwieweit ein Ehegatte die ihm durch den Ehevertrag eingeräumte Rechtstellung missbraucht, wenn er sich im Fall der Scheidung auf diese beruft. Dafür sind nicht nur die Verhältnisse im Zeitpunkt des Vertragsabschlusses maßgeblich, sondern die Verhältnisse im Zeitpunkt des Scheiterns der Ehe. Dies ist besonders bedeutsam für Fälle, in den sich die Lebensverhältnisse der Ehegatten anders entwickelt haben, als bei Vertragsabschluss vorausgesehen.

BEISPIEL: Herr Münch und Frau Fürst haben 1990 geheiratet. Beide waren beruflich sehr engagiert. Einen Kinderwunsch hatten beide nicht. Anfangs haben sich beide die Hausarbeit geteilt.
Später haben sich die Eheleute darauf verständigt, dass Herr Münch mit vollem Einsatz seine Berufskarriere verfolgen und Frau Fürst ihre berufliche Tätigkeit auf 30 Stunden pro Woche reduzieren und den Haushalt in Zukunft allein führen sollte.
Darin liegt eine Änderung der ehelichen Lebensverhältnisse.

Die neue Rechtsprechung gilt nicht nur für vorsorgende Eheverträge, sondern auch für Trennungs- und Scheidungsvereinbarungen. Wenn statt monatlicher Unterhaltszahlungen ein **Abfindungs-**

betrag vereinbart wird (§ 1585 BGB), unterliegt dies ebenfalls der gerichtlichen Überprüfung.

Hinweis:

Außergerichtliche Vereinbarungen über den Unterhalt sind seit dem 1. 1. 2008 formbedürftig, soweit sie vor Rechtskraft der Scheidung getroffen werden (§ 1585 c BGB). Sie bedürfen der Beurkundung durch einen Notar. Ein Prozessvergleich oder eine formwirksam durch das Familiengericht protokollierte Vereinbarung genügt ebenfalls den Anforderungen. Nach der Scheidung können Unterhaltsvereinbarungen wie bisher formfrei getroffen werden.

7. Verwirkung des Unterhalts

Die finanzielle Bürde des nachehelichen Unterhalts wird oft als ungerecht erlebt. Dies gilt umso mehr, je länger die Unterhaltspflicht andauert. Eine lebenslange Unterhaltsverpflichtung kommt nur noch in Ausnahmefällen in Betracht. Oft ist der Unterhalt wegen Verwirkung ausgeschlossen.

Hinweis:

War bereits der Trennungsunterhalt verwirkt, ist in der Regel davon auszugehen, dass auch der nacheheliche Unterhalt verwirkt ist.

Schon das alte Unterhaltsrecht kannte eine Reihe gesetzlich normierter Härtefälle, in denen der Unterhalt versagt, herabgesetzt oder zeitlich begrenzt werden konnte. Dieser Katalog ist durch das Unterhaltsänderungsgesetz noch erweitert worden.

§ 1579 BGB. Ein Unterhaltsanspruch ist zu versagen, herabzusetzen oder zeitlich zu begrenzen, soweit die Inanspruchnahme des Verpflichteten auch unter Wahrung der Belange eines dem Berechtigten zur Pflege oder Erziehung anvertrauten gemeinschaftlichen Kindes grob unbillig wäre, weil
1. die Ehe von kurzer Dauer war; dabei ist die Zeit zu berücksichtigen, in welcher der Berechtigte wegen der Pflege oder Erziehung eines gemeinschaftlichen Kindes nach § 1570 Unterhalt verlangen kann,
2. der Berechtigte in einer verfestigten Lebensgemeinschaft lebt,
3. der Berechtigte sich eines Verbrechens oder eines schweren vorsätzlichen Vergehens gegen den Verpflichteten oder einen nahen Angehörigen des Verpflichteten schuldig gemacht hat,

4. der Berechtigte seine Bedürftigkeit mutwillig herbeigeführt hat,
5. der Berechtigte sich über schwerwiegende Vermögensinteressen des Verpflichteten mutwillig hinweggesetzt hat,
6. der Berechtigte vor der Trennung längere Zeit hindurch seine Pflicht, zum Familienunterhalt beizutragen, gröblich verletzt hat.
7. dem Berechtigten ein offensichtlich schwerwiegendes, eindeutig bei ihm liegendes Fehlverhalten gegen den Verpflichteten zur Last fällt oder
8. ein anderer Grund vorliegt, der ebenso schwer wiegt wie die in den Nummern 1 bis 7 aufgeführten Gründe.

Sind keine Kinder aus der Ehe hervorgegangen, kann allein der Umstand, dass die **Ehe von kurzer Dauer** war, zur Verwirkung des Unterhaltsanspruchs führen (§ 1579 Nr. 1 BGB). Dabei kommt es nicht nur auf die reine Zeitdauer an, sondern auch darauf, inwieweit die Eheleute Dispositionen in Hinblick auf ein gemeinsames Lebensziel getroffen haben. Eine Kurzehe ist nach ständiger Rechtsprechung jedenfalls dann gegeben, wenn diese nicht länger als zwei Jahre gedauert hat.

BEISPIEL: Herr und Frau Kurzer aus Augsburg haben im Januar 2005 geheiratet. Schon zehn Monate, im November, später haben sie sich wieder getrennt. Im Februar 2007 wurde die Scheidung eingereicht. Die Ehe ist kinderlos geblieben. Beide leben und arbeiten weiterhin in Augsburg.
Ein Anspruch auf Ehegattenunterhalt erscheint unter diesen Umständen unbillig.

Neu aufgenommen in den Katalog der Härteklauseln wurde der Tatbestand der **verfestigten Lebensgemeinschaft mit einem neuen Partner** (§ 1579 Nr. 2 BGB). Damit ist die langjährige höchstrichterliche Rechtsprechung Gesetz geworden, die eine eheähnliche Gemeinschaft dann bejaht hatte, wenn sich die neue Verbindung als so dauerhaft und stabil darstellte, dass kein Grund ersichtlich war, warum die neuen Partner nicht zu einer „ehegleichen Solidarität" gelangen sollten. Die verfestigte Lebensgemeinschaft stellt nun einen eigenständigen Ausschlussgrund dar. Das Bild einer eheähnlichen Lebensgemeinschaft wird insbesondere durch folgende Umstände bestimmt:

- Auftreten als Paar
- gemeinsamer Haushalt
- gemeinsame Freizeitaktivitäten (Wochenende, Feiertage)

- Ausrichtung gemeinsamer Feste
- gemeinsame Urlaubsgestaltung
- größere gemeinsame Investitionen (z. B. Familienheim).

Wichtig!

Eine verfestigte Lebensgemeinschaft setzt normalerweise ein Zusammenleben voraus, kann in besonderen Fällen aber auch bei einer Wochenendbeziehung gegeben sein.

Praxistipp:

Das Vorliegen einer eheähnlichen neuen Partnerschaft wird gerne verschwiegen, um den eigenen Unterhaltsanspruch nicht zu gefährden. Wenn sich ein solcher Verdacht aufdrängt, kann es sinnvoll sein, einen Detektiv zu beauftragen. Wie die neue Beziehung im Einzelnen ausgestaltet ist, braucht nicht zu aufgeklärt werden, auch nicht, ob und wann intime Kontakte aufgenommen wurden. Maßgeblich ist das Erscheinungsbild in der Öffentlichkeit.

Ein **Verbrechen gegen den Unterhaltspflichtigen** kann ebenfalls zum Ausschluss des Unterhaltsanspruchs führen. Das Gleiche gilt auch für ein **schweres vorsätzliches Vergehen** (§ 1579 Nr. 3 BGB). Meist geht es dabei um Machenschaften zur Erschleichung des Unterhalts.

BEISPIEL: Frau Raffler macht einen Anspruch auf Aufstockungsunterhalt geltend. Sie trägt vor, dass sie als Schneiderin nur 1.100 € verdiene. Tatsächlich hat sie aber noch Einkünfte aus einer Nebentätigkeit in Höhe von monatlich durchschnittlich 500 € und Zinseinnahmen von 80 €. Ihr Verhalten stellt sich als Prozessbetrug dar und kann dazu führen, dass sie ihren Unterhaltsanspruch ganz verliert.

Auch die **mutwillige Herbeiführung der Unterhaltsbedürftigkeit** ist ein Umstand, der zur Verwirkung des Unterhalts führen kann (§ 1579 Nr. 4 BGB).

BEISPIEL: Frau Hirner hatte eine erfolgversprechende Berufsausbildung angefangen, diese aber nicht mit dem nötigen Ernst betrieben und schließlich grundlos abgebrochen.
Ihrer Unterhaltsforderung kann entgegengehalten werden, dass sie ihre Bedürftigkeit selbst herbeigeführt hat.

Eine **schwerwiegende Schädigung der Vermögensinteressen** des Unterhaltspflichtigen kann ebenfalls zu einer Verwirkung des Unterhalts führen (§ 1579 Nr. 5 BGB).

> **BEISPIEL:** Frau Holler hat ihren Mann, der Zahnarzt ist, bei dessen Patienten mit falschen Behauptungen angeschwärzt, was zu erheblichen Einnahmeverlusten geführt hat.
> Dies kann die Verwirkung ihres Unterhaltsanspruchs zur Folge haben.

Auch wenn der Berechtigte vor der Trennung längere Zeit hindurch seine **Pflicht, zum Familienunterhalt beizutragen, gröblich verletzt** hat kann dies (§ 1579 Nr. 6 BGB) zum Verlust des Unterhaltsanspruchs führen. Zu diesem Tatbestand sind bislang keine Entscheidungen veröffentlicht worden. Offenbar wird von dieser Möglichkeit kein Gebrauch gemacht.

Häufig führt ein **schwerwiegendes Fehlverhalten** gegen den Verpflichteten (§ 1579 Nr. 7 BGB) zum Verlust des Ehegattenunterhalts. Meist handelt es sich dabei um einen Verstoß gegen die eheliche Treuepflicht. Zwar gilt für die Scheidung längst nicht mehr das frühere Schuldprinzip, für die Scheidungsfolgen kann ein eheliches Fehlverhalten aber durchaus bedeutsam sein. Nimmt ein Ehegatte eine Beziehung zu einem anderen Partner auf, kann dies zu einer Verwirkung oder Kürzung des Unterhalts führen, wenn das Fehlverhalten ausschließlich auf seiner Seite liegt. Ein erst nach der Trennung aufgenommenes außereheliches Verhältnis ist nicht geeignet, eine Verwirkung zu begründen.

> **RECHTSPRECHUNG:** Die Ehefrau hatte ihren Mann verlassen und war mit den gemeinsamen Kindern zu ihrem Freund gezogen, ohne vorher eine Sorgerechtsregelung herbeigeführt zu haben. Seitdem lebte sie mit ihrem Freund in nichtehelicher Lebensgemeinschaft. Der BGH hat den Anspruch auf Ehegattenunterhalt als unbillig angesehen.

Wenn einer der Härtefalltatbestände oder ein vergleichbarer Fall (§ 1579 Nr. 8 BGB) gegeben ist, kann dies zu einem völligen Wegfall des Unterhaltsanspruchs führen oder auch nur zu einer prozentualen Herabsetzung des Unterhalts oder einer zeitlichen Begrenzung

114

desselben. Welche Reaktion angemessen ist, hängt in erster Linie vom Ausmaß der Unbilligkeit ab.

Wichtig!

Bei der Billigkeitsabwägung ist immer das Wohl der gemeinsamen Kinder zu wahren. Deren Pflege und Erziehung muss gesichert sein. Für eine Kinder betreuende Ehefrau kommt deshalb in der Regel nur eine Unterhaltsherabsetzung in Betracht, es sei denn, dass sie auf den Unterhalt nicht angewiesen ist.

8. Herabsetzung des Unterhalts

Der 2008 neu eingeführte § 1578 b BGB eröffnet unabhängig davon, ob ein Härtetatbestand erfüllt ist, die Möglichkeit, den Unterhalt aus Gründen der Billigkeit herabzusetzen oder zu befristen.

> **§ 1578 b BGB.** (1) Der Unterhaltsanspruch des geschiedenen Ehegatten ist auf den angemessenen Lebensbedarf herabzusetzen, wenn eine an den ehelichen Lebensverhältnissen orientierte Bemessung des Unterhaltsanspruchs auch unter Wahrung der Belange eines dem Berechtigten zur Pflege oder Erziehung anvertrauten gemeinschaftlichen Kindes unbillig wäre. Dabei ist insbesondere zu berücksichtigen, inwieweit durch die Ehe Nachteile im Hinblick auf die Möglichkeit eingetreten sind, für den eigenen Unterhalt zu sorgen. Solche Nachteile können sich vor allem aus der Dauer der Pflege oder Erziehung eines gemeinschaftlichen Kindes, aus der Gestaltung von Haushaltsführung und Erwerbstätigkeit während der Ehe sowie aus der Dauer der Ehe ergeben.
> (2) Der Unterhaltungsanspruch des Geschiedenen ist zeitlich zu begrenzen, wenn ein zeitlich unbegrenzter Unterhaltsanspruch auch unter Wahrung der Belange eines dem Berechtigten zur Pflege oder Erziehung anvertrauten gemeinschaftlichen Kindes unbillig wäre. Absatz 1 Satz 2 und 3 gilt entsprechend.
> (3) Herabsetzung und zeitliche Begrenzung des Unterhaltsanspruchs können miteinander verbunden werden.

Die Ehe stellt keine dauerhafte Garantie für den Lebensstandard dar. Der nacheheliche Unterhalt kann gegenüber den ehelichen Lebensverhältnissen herabgesetzt werden. Die Herabsetzung kann – je nach den Umständen – sofort oder zu einem späteren Zeitpunkt erfolgen. Üblicherweise wird dem Unterhaltsberechtigten eine Übergangszeit gewährt. Erforderlich ist eine Billigkeitsprüfung, bei der es in erster Linie darauf ankommt, ob der Unterhaltsberechtigte ehebedingte Nachteile erlitten hat, etwa weil er sein berufliches Fortkommen der Kinder wegen vernachlässigt hat. Fehlen ehebedingte Nachteile, ist es dem bedürftigen Ehegatten zumutbar, nach einer Übergangszeit auf den gewohnten ehelichen Lebensstandard zu verzichten. Der Dauer der Ehe kommt nach Meinung des BGH in diesem Zusammenhang nur eine untergeordnete Rolle zu. Auch bei einer langen Ehe kann der nacheheliche Unterhalt herabgesetzt werden.

Herabsetzung und zeitliche Begrenzung des Unterhaltsanspruchs können auch miteinander verbunden werden. In vielen Fällen wird der Unterhalt erst herabgesetzt und endet später nach einer gewissen Zeitspanne. Lebenslanger Unterhalt wird nur noch in seltenen Fällen gewährt.

9. Befristung des Unterhalts

Der Unterhalt kann zeitlich begrenzt werden, wenn dies der Billigkeit entspricht. Es muss geprüft werden, ob und inwieweit der unterhaltsbedürftige Ehegatte ehebedingte Nachteile erlitten hat und, ob und inwieweit diese ausgeglichen sind. Nur soweit vorhandene Nachteile nicht kompensiert werden können, sind diese lebenslang auszugleichen.

Nachteile kommen typischerweise dann in Betracht, wenn die Ehefrau die Betreuung eines oder mehrerer ehelicher Kinder übernommen hatte. Auch wenn sie wegen der Rollenverteilung in der Ehe nicht ausreichend Vorsorge für die Zukunft treffen konnte, etwa weil sie ihre berufliche Karriere zurückgestellt hatte, um den Haushalt zu führen, kann dies einen Nachteil bedeuten. Das Gleiche gilt, wenn sie über viele Jahre nicht berufstätig war und dadurch bedingt auf Tätigkeiten im Geringverdienerbereich beschränkt ist.

Ehebedingte Nachteile sind nach BGH in der Regel dann nicht anzunehmen, wenn die Ehefrau vollschichtig in dem erlernten Beruf arbeitet und die Einkommensdifferenz auf einer vorehelichen ungleichwertigen Berufsausbildung beruht.

Die Möglichkeit der Befristung ist nicht auf einzelne Unterhaltstatbestände beschränkt, sondern betrifft alle. Von besonderer Bedeutung ist sie beim Aufstockungsunterhalt. Auch der Kranheitsunterhalt kann nach Meinung des BGH befristet werden.

Hinweis:

Die zeitliche Begrenzung muss bereits im Unterhaltsprozess geltend gemacht werden. Eine nachträgliche Begrenzung im Wege einer Abänderungsklage kommt nur dann in Betracht, wenn diese aus tatsächlichen oder rechtlichen Gründen nicht im Ausgangsverfahren geltend gemacht werden konnte.

Auch wenn kein Endzeitpunkt festgelegt worden ist, endet der Ehegattenunterhalt

■ bei Wiederverheiratung des Berechtigten (§ 1586 BGB)

■ beim Tod des Berechtigten (§ 1586 BGB).

Der Tod des Unterhaltspflichtigen hingegen beseitigt den Unterhaltsanspruch nicht. Dieser geht als Nachlassverbindlichkeit auf die Erben über. Der bisherige Unterhaltstitel kann umgeschrieben werden. Die Haftung der Erben ist allerdings beschränkt (§ 1586 b BGB).

10. Rückständiger Unterhalt

Unterhaltsansprüche unterliegen wie alle Rechte der **Verjährung.** Die regelmäßige Verjährungsfrist beträgt drei Jahre (§ 195 BGB). Die Vollstreckungsverjährung für titulierte Rückstände beträgt 30 Jahre, für titulierten künftigen Unterhalt dagegen wiederum nur drei Jahre (§ 197 BGB). Die Frist beginnt mit dem Schluss des Jahres, in dem der Anspruch entstanden ist. (§ 199 BGB).

Hinweis:

Nach § 207 BGB ist die Verjährung von Ansprüchen auf Ehegattenunterhalt gehemmt, solange die Ehe besteht (§ 207 BGB). Damit soll der Familienfrieden vor Störung durch Gerichtsverfahren geschützt werden. Der Zeitraum der Verjährungshemmung wird nicht in die Verjährungsfrist eingerechnet. Diese verlängert sich entsprechend.

Unterhaltsrückstände können auch wegen Verstoßes gegen den Grundsatz von „Treu und Glauben" (§ 242 BGB) **verwirkt** werden. Dies ist dann der Fall, wenn der Unterhaltspflichtige sich darauf einrichten durfte, dass der Unterhaltsanspruch nicht mehr geltend gemacht würde. Gerade im Unterhaltsrecht, welches üblicherweise die Sicherung lebensnotwendiger Bedürfnisse zum Gegenstand hat, wird eine zeitnahe Durchsetzung der Ansprüche erwartet. So soll verhindert werden, dass bei sehr langem Zeitverzug so hohe Schulden auflaufen, dass die Zahlung des laufenden Unterhalts gefährdet würde. Wenn der Unterhaltsberechtigte sich längere Zeit nach der letzten Mahnung völlig untätig verhält oder nach der Erteilung der Auskunft durch den Pflichtigen längere Zeit nichts unternimmt, ist in der Regel ein Fall der Unterhaltsverwirkung gegeben. Der BGH hat entschieden, dass dafür das Verstreichen lassen von einem Jahr ausreichen kann. Auch wenn der Trennungsunterhalt erst nach der Scheidung einklagt wird, liegt in der Regel ein Fall der Verwirkung vor.

RECHTSPRECHUNG: Der BGH hat klargestellt, dass nur der Unterhaltsanspruch für einen bestimmten Zeitraum verwirkt ist, also nicht der Anspruch als solcher. Zieht man die Verwirkungsgrenze bei einem Jahr, so bedeutet dies bei einem Unterhaltsrückstand von drei Jahren, dass zwar der Rückstand für 24 Monate verjährt ist, nicht aber der für die letzten 12 Monate.

11. Unterhaltsabänderung

Besteht bereits ein Unterhaltstitel, so kann es sein, dass dieser nicht mehr den aktuellen Verhältnissen entspricht.

Der Unterhaltspflichtige kann arbeitslos geworden sein oder zwischenzeitlich befördert worden sein. Sein Einkommen kann sich durch Einstufung in eine andere Steuerklasse reduziert haben. Der Unterhaltsberechtigte kann eine Arbeit aufgenommen haben oder den Umfang seiner Erwerbstätigkeit gesteigert haben. In allen diesen Fällen ist der Unterhalt neu zu berechnen und der Unterhaltstitel anzupassen.

Wenn eine außergerichtliche Einigung scheitert, muss eine **Abänderungsklage** erhoben werden. Nach dem FamFG besteht dafür Anwaltszwang (§ 114 FamFG).

Gerichtsentscheidungen können – von wenigen Ausnahmen abgesehen – grundsätzlich erst für die Zeit nach Rechtshängigkeit des Antrags abgeändert werden (§ 238 FamFG). Ist der Unterhalt in einem Vergleich oder einer vollstreckbaren Urkunde geregelt, kann die Abänderung auch rückwirkend erfolgen (§ 239 FamFG).

Für Unterhaltstitel, die noch auf dem alten Unterhaltsrecht basieren, gibt es erweiterte Abänderungsmöglichkeiten. Alle Gesetzesänderungen können zur Begründung des Abänderungsantrags herangezogen werden:

- Änderung wegen geänderter Rangfolge der Unterhaltsberechtigten

- Änderung wegen erweiterter Herabsetzungs- und Befristungsmöglichkeiten

- Änderung wegen verstärkter Erwerbsobliegenheit des Unterhaltsberechtigten

- Änderung wegen verfestigter Lebensgemeinschaft des Unterhaltsberechtigten.

Hinweis:

Die Änderung muss wesentlich sein, d. h. das Ergebnis um mindestens 10 % verändern. Sonst ist keine Abänderungsklage möglich.

IV. Steuerliche Aspekte

Auch nach der Scheidung können steuerliche Vorteile entstehen, nämlich dann, wenn Ehegattenunterhalt gezahlt wird.

1. Begrenztes Realsplitting

Leistet z. B. der Ehemann Unterhalt an die Ehefrau, kann dieser seine Unterhaltszahlungen bis zur Erreichung des Höchstbetrages als **Sonderausgaben** absetzen. Als Folge davon erhält er später eine entsprechende Steuerrückerstattung. Wenn er sich den Sonderausgabenbetrag als anteiligen Freibetrag in der Lohnsteuerkarte eintragen lässt, erhöht sich sein verfügbares Monatseinkommen. Dies wird als **begrenztes Realsplitting** bezeichnet. Aus dem Gesichtspunkt der nachehelichen Solidarität besteht für beide Seiten die Verpflichtung, soweit es Vorteile bringt, von dieser Möglichkeit Gebrauch zu machen.

Praxistipp:

Wenn Sie Ihrer Ex-Frau Unterhalt zahlen, ist diese verpflichtet, die Anlage U zu unterzeichnen. Voraussetzung ist allerdings, dass Sie sich bereit erklären, ihr alle daraus möglicherweise erwachsenden Steuernachteile zu ersetzen. Die Aufforderung zur Unterzeichnung der Anlage U ist deshalb mit einer entsprechenden Erklärung zu verbinden.

2. Außergewöhnliche Belastung

Auch die Kosten des Scheidungsverfahrens können in gewissen Grenzen steuerlich gemacht werden, als **außergewöhnliche Belastung.**

V. Ehewohnung nach der Scheidung

Wenn über die Ehewohnung eine Einigung erzielt worden ist, kann diese in einer Scheidungsfolgenvereinbarung festgehalten werden. Andernfalls kann eine Regelung im Rahmen des Scheidungsverfahrens herbeigeführt werden, als Folgesache. Dann wird zusammen mit der Scheidung auch über die Wohnung entschieden. Grundlage dafür ist nicht mehr die HausrVO, sondern die zum 1. 9. 2009 ins BGB eingefügte Vorschrift des § 1568 a.

> **§ 1568 a BGB.** (1) Ein Ehegatte kann verlangen, dass ihm der andere Ehegatte anlässlich der Scheidung die Ehewohnung überlässt, wenn er auf deren Nutzung unter Berücksichtigung des Wohls der im Haushalt lebenden Kinder und der Lebensverhältnisse der Ehegatten in stärkerem Maße angewiesen ist als der andere Ehegatte oder die Überlassung aus anderen Gründen der Billigkeit entspricht. (…)

Für die Entscheidung kommt es im Wesentlichen darauf an, welcher Ehegatte stärker auf die weitere Nutzung der Wohnung angewiesen ist. Dies ist in aller Regel derjenige, der die Kinder versorgt.

Der Ehegatte, dem die Wohnung überlassen wird, tritt anstelle des anderen in das von diesem eingegangene Mietverhältnis ein oder setzt ein von beiden eingegangenes Mietverhältnis allein fort (§ 1568 a BGB). Die Umgestaltung des Mietverhältnisses ist auch gegen den Willen des Vermieters möglich.

Praxistipp:

Wenn Sie sich mit Ihrer Frau über die weitere Benutzung der Ehewohnung einig sind, der Vermieter aber seine Zustimmung verweigert, können Sie ihr Ziel über § 1568 a BGB erreichen.
Dies gilt auch für das Wochenendhäuschen oder die Ferienwohnung.

Besonderheiten gelten beim Wohnen in einer Eigentumswohnung oder in einem Haus im gemeinsamen **Eigentum** beider oder Alleineigentum eines Ehegatten. Eine Überlassung an den anderen Ehegatten kommt nur dann in Betracht, wenn dies zur Vermeidung unbilliger Härten notwendig ist. Ähnlich verhält es sich bei einer **Dienst-** oder **Werkswohnung**.

VI. Haushaltsgegenstände nach der Scheidung

Auch den Hausrat können die Eheleute einverständlich regeln. Gelingt dies nicht, kann eine Regelung über das Gericht herbeigeführt werden, als Folgesache. Dieses hat dann zusammen mit der Scheidung über die Haushaltsgegenstände zu entscheiden.

> **§ 1568 b BGB.** (1) Jeder Ehegatte kann verlangen, dass ihm der andere Ehegatte anlässlich der Scheidung die im gemeinsamen Eigentum stehenden Haushaltsgegenstände überlässt und übereignet, wenn er auf deren Nutzung unter Berücksichtigung des Wohls der im Haushalt lebenden Kinder und der Lebensverhältnisse der Ehegatten in stärkerem Maße angewiesen ist als der andere Ehegatte oder dies aus anderen Gründen der Billigkeit entspricht. (…)

Anders als bei der Trennung geht es bei der Scheidung nicht um eine vorläufige, sondern um eine endgültige Aufteilung des Hausrats. Der Anspruch des berechtigten Ehegatten ist nicht nur auf Überlassung, sondern auch auf Übereignung gerichtet.

Bei der Verteilung der im gemeinsamen Eigentum beider Ehegatten stehenden Gegenstände ist in erster Linie zu prüfen, welcher Ehegatte dringender auf deren Nutzung angewiesen ist. Dabei ist auch das Wohl der im Haushalt lebenden Kinder zu berücksichtigen. Letzterer Gesichtspunkt wird in vielen Fällen den Ausschlag geben. Wasch- und Spülmaschine wird das Gericht im Zweifel dem Ehegatten zuweisen, der die Kinder betreut. Gegenstände, die während der Ehe für den gemeinsamen Haushalt angeschafft wurden, gelten für die Verteilung als gemeinsames Eigentum, es sei denn, dass das Alleineigentum eines Ehegatten feststeht. Beweispflichtig ist der Ehegatte, der das Alleineigentum für sich in Anspruch nimmt.

Das Gericht wird darauf achten, dass bei der Verteilung keine Werte vernichtet werden. Eine Systemküche wird es ebenso wenig aufteilen wie eine Polstermöbelgarnitur. Stattdessen wird es evtl. eine Ausgleichszahlung anordnen.

Praxistipp:

Wenn Sie eine gerichtliche Hausratsteilung anstreben, sollten Sie eine komplette Liste aller Haushaltsgegenstände und eine Liste der beanspruchten Gegenstände erstellen. Jeder Gegenstand muss so genau wie möglich bezeichnet werden, am besten unter Angabe von Marke, Typenbezeichnung und Artikelnummer. Dies ist auch deshalb wichtig, weil der Gerichtsvollzieher die einzelnen Gegenstände bei der Zwangsvollstreckung sonst nicht identifizieren könnte.

VII. Zugewinnausgleich

Das Güterrecht kann im Scheidungsverfahren eine wichtige Rolle spielen. Die Eheleute haben für ihre Ehe die Wahl zwischen drei Güterständen:

- Zugewinngemeinschaft
- Gütertrennung
- Gütergemeinschaft.

1. Zugewinngemeinschaft

Gemäß § 1363 BGB leben die Eheleute immer dann im Güterstand der Zugewinngemeinschaft, wenn sie nicht durch Ehevertrag etwas anderes vereinbaren. Dies ist der gesetzliche Güterstand. Er gilt grundsätzlich auch für Ehen, die unter DDR-Recht mit der sog. Eigentums- und Vermögensgemeinschaft als gesetzlicher Güterstand geschlossen wurden. Nach dem Einigungsvertrag gilt der gesetzliche Güterstand der Zugewinngemeinschaft nämlich für alle Ehegatten, die zum 3. 10. 1990 im gesetzlichen Güterstand der DDR gelebt haben.

Jeder Ehegatte bleibt alleiniger Inhaber seines Vermögens. Alles, was er in der Ehe hinzu erwirbt, wird ihm allein zugeordnet.

> **§ 1363 BGB.** (. . .) (2) Das Vermögen des Mannes und das Vermögen der Frau werden nicht gemeinschaftliches Vermögen der Ehegatten; dies gilt auch für Vermögen, das ein Ehegatte nach der Eheschließung erwirbt. Der Zugewinn, den die Ehegatten in der Ehe erzielen, wird jedoch ausgeglichen, wenn die Zugewinngemeinschaft endet.

Jeder Ehegatte verwaltet gemäß § 1364 BGB sein Vermögen selbst. Nach § 1365 BGB gibt es allerdings eine Einschränkung dahingehend, dass jeder Ehegatte sich nur mit Zustimmung des anderen verpflichten kann, über sein Vermögen im Ganzen zu verfügen. Damit soll verhindert werden, dass ein späterer Ausgleichsanspruch durch eine vorherige Vermögensübertragung vereitelt wird.

> **RECHTSPRECHUNG:** Nach höchstrichterlicher Rechtsprechung verfügt ein Ehepartner nicht über sein Vermögen im Ganzen, wenn bei einem kleineren Vermögen ein Rest von 15 % und bei einem größeren Vermögen (ab ca. 250.000 €) ein Rest von 10 % verbleibt.

In der Zugewinngemeinschaft haben beide Ehegatten in gleicher Weise an dem in der Ehe erwirtschafteten Vermögen teil, unabhängig davon, was jeder zu dessen Schaffung im Einzelnen beigetragen hat. Die Hausfrau oder der Hausmann profitiert vom Vermögenszuwachs in gleicher Weise wie der „Ernährer der Familie". Bei Auflösung der Zugewinngemeinschaft ist der Zugewinn auszugleichen. Dieser ist aus dem Vergleich von Anfangs- und Endvermögen zu bestimmen (**Stichtagprinzip**). Nur der jeweilige Vermögensstatus zu Beginn der Ehe und der bei Scheidung ist zu ermitteln. Alle dazwischen erfolgten Vermögensbewegungen bleiben grundsätzlich unberücksichtigt. Der Ehegatte, dessen Zugewinn geringer ausgefallen ist, erhält gegen den anderen einen Ausgleichsanspruch.

RECHTSPRECHUNG: Der BGH hat verschiedentlich darauf hingewiesen, dass eine zweifache Teilhabe an derselben Rechtsposition nicht erfolgen darf. Wenn etwa eine gesellschaftsrechtliche Mitarbeiterbeteiligung im Unterhalt als Einkommen angerechnet worden ist, darf diese im Zugewinnausgleich nicht mehr als Vermögenswert angesetzt werden. Umgekehrt dürfen beim Zugewinn abgezogene Verbindlichkeiten nicht nochmals beim Unterhalt berücksichtigt werden.

In den Zugewinnausgleich fällt das gesamte Vermögen mit Ausnahme der Haushaltsgegenstände und der Versorgungsanwartschaften, insbesondere

- Bargeld
- Bankkonten
- Wertpapiere
- Aktien
- Bausparverträge
- Darlehensforderungen
- Lebensversicherungen (Kapital)
- Schmuck
- Kraftfahrzeuge
- Grundstücke
- Eigentumswohnungen
- Firmenwerte
- Geschäftsbeteiligungen.

Hinweis:

Ansprüche aus einer privaten Altersversicherung fallen dann in den Zugewinnausgleich, wenn diese eine Einmalzahlung zum Inhalt hat. Besteht ein

Rentenanspruch mit Kapitalwahlrecht, liegt eine über den Versorgungsausgleich auszugleichende Rente vor. Handelt es sich um eine Kapitalzusage mit Rentenwahlrecht, ist die Versicherung beim Zugewinnausgleich zu berücksichtigen.

Die Ermittlung des Zugewinnausgleichanspruchs erfolgt in drei Schritten:

(1) Berechnung des Zugewinns eines jeden Ehegatten

(2) Berechnung des Überschusses des Ausgleichspflichtigen

(3) Ausgleichsanspruchs als Hälfte des Überschusses.

Der Zugewinnausgleich unterliegt weitgehend der Dispositionsfreiheit. Dieser kann ganz ausgeschlossen oder auch modifiziert werden (**modifizierter Zugewinnausgleich**). Vereinbarungen zum Güterrecht, das nicht zum Kernbereich des Scheidungsfolgenrechts zählt, unterliegen einer ungleich weniger strengen Inhalts- und Ausübungskontrolle als solche zum Unterhalt. So können die Ehepartner vereinbaren, dass bestimmte Vermögensteile, z. B. Unternehmensbeteiligungen, im Fall der Scheidung unberücksichtigt bleiben sollen. Für ein Hausgrundstück kann eine solche Regelung deshalb sinnvoll sein, weil dessen Wert erfahrungsgemäß ständig steigt, auch wenn keinerlei Wertverbesserungen vorgenommen werden. Wenn sonst keine größeren Vermögenswerte vorhanden sind, kann es dazu kommen, dass die Immobilie veräußert werden muss, um den Ausgleichsanspruch zu erfüllen.

2. Beendigung der Zugewinngemeinschaft

Die Zugewinngemeinschaft endet durch

- Aufhebung im Wege eines Ehevertrages
- Tod eines Ehegatten
- Scheidung.

Üblicherweise wird der Zugewinn zusammen mit der Scheidung geregelt. Wenn eine außergerichtliche Einigung scheitert, muss das Gericht entscheiden. Der Zugewinnausgleichsanspruch kann als Folgesache im Scheidungsverfahren geltend gemacht werden (Verbundverfahren). Das Gericht hat dann zusammen mit der Scheidung über den Zugewinnausgleichsanspruch zu entscheiden.

Praxistipp:

Wenn Sie davon ausgehen, einen Ausgleichsanspruch gegen Ihre Frau zu haben, kann es günstiger sein, diesen erst nach der Scheidung geltend zu machen (Frist: drei Jahre), da Sie im Verbundverfahren üblicherweise die Hälfte der Kosten zu tragen haben.

Zugewinn ist der Überschuss des Endvermögens über das Anfangsvermögen (§ 1373 BGB). Stichtag für das Anfangsvermögen ist das Datum der Eheschließung. Stichtag für das Endvermögen ist im Falle der Scheidung der Tag, an dem der Scheidungsantrag der Antragsgegnerseite zugestellt wurde (§ 1384 BGB).

BEISPIEL: Herr Bertold Zahl und Frau Gerlinde Zahl haben am 11. 1. 1981 geheiratet. Sie haben drei Kinder, die alle schon volljährig sind. Seit 1. 2. 2005 leben sie getrennt. Frau Zahl hat am 5. 2. 2006 einen Scheidungsantrag bei Gericht eingereicht. Der Antrag ist Herrn Zahl am 18. 2. 2006 zugestellt worden. Der für den Zugewinnausgleich maßgebliche Anfangszeitpunkt ist demnach der 11. 1. 1981, der Endzeitpunkt der 18. 2. 2006.

Wichtig!

Auch der während des Getrenntlebens erwirtschaftete Vermögenszuwachs fällt unter den Zugewinn.

Praxistipp:

Je länger mit dem Scheidungsantrag gewartet wird, desto mehr verlängert sich der ausgleichspflichtige Zeitraum. Wenn Sie davon ausgehen, dass sich Ihr Vermögen stärker vermehrt als das Ihrer Ehefrau, ist es vorteilhaft, den Scheidungsantrag so bald wie möglich zu stellen.

3. Auskunftspflicht

Jeder Ehegatte hat im Falle der Scheidung Auskunftsansprüche gegen den anderen (§ 1379 BGB). Die 2009 erfolgte Reform des Zugewinnausgleichs hat eine Erweiterung der Auskunftsrechte gebracht.

Nun kann nicht nur Auskunft über das Endvermögen, sondern auch über das Anfangsvermögen verlangt werden. Dies gilt allerdings nur für Zugewinnausgleichsverfahren, die nach dem 1. 9. 2009 anhängig werden. Für Altverfahren gilt weiter die frühere Regelung, die nur einen Auskunftsanspruch über das Endvermögen vorsah. Neu ist auch, dass nun Auskunft über das Vermögen zum Zeitpunkt der Trennung verlangt werden kann. Dadurch sollen Vermögensverschiebungen zu Lasten des ausgleichsberechtigten Ehegatten erschwert werden.

Geschuldet wird eine in sich geschlossene, auf den Stichtag bezogene Darstellung, die alle Aktiva und Passiva geordnet wiedergibt. Auf Verlangen sind Belege vorzulegen. Dies gilt allerdings nur für Verfahren ab dem 1. 9. 2009, während für Altverfahren die frühere Regelung gilt, nach der keine Belege vorgelegt werden mussten.

Praxistipp:

Wenn Sie befürchten, dass Ihre Frau nach der Trennung Vermögenswerte „verschwinden" lassen könnte, verlangen Sie von ihr Auskunft über ihr Vermögen zum Trennungszeitpunkt. Fordern Sie auch die Vorlage von Belegen.

Zwar sind bei der Auskunft alle wertbildenden Faktoren der einzelnen Vermögenspositionen anzugeben. Dies schließt aber Streit um deren Bewertung nicht aus. Wie hoch ist der Wert der Eigentumswohnung? Mit welchem Betrag ist der Gebrauchtwagen anzusetzen? Welchen Wert hat die Briefmarkensammlung? Darüber gehen die Auffassungen oft weit auseinander. Wenn keine Einigung erzielt werden kann, müssen vom Gericht Sachverständigengutachten eingeholt werden, die sehr teuer sein können.

Maßgeblich ist der jeweilige wirkliche Wert der Gegenstände. Steuerliche Buchwerte oder Einheitswerte sind ohne Bedeutung. Das Gleiche gilt für evtl. Liebhaberwerte. Entscheidend ist in aller Regel der Wert, der tatsächlich erzielt werden könnte. Die Rechtsprechung hat für die einzelnen Arten von Vermögensgegenständen verschiedene Maßstäbe entwickelt:

- Antiquitäten: Veräußerungswert
- Apotheke: Jahresumsatz

- Architekturbüro: Sachwerte
- Arztpraxis: Substanzwert und ideeller Wert
- Briefmarkensammlung: Verkehrswert
- Eigentumswohnung: Verkehrswert
- Gold: Veräußerungswert
- Grundstück: Verkehrswert
- Kraftfahrzeug: Wiederbeschaffungskosten
- Schmuck: Veräußerungswert
- Wertpapiere: Veräußerungswert.

Hinweis:

Für die Bewertung von **Kapitallebensversicherungen** kommt es darauf an, ob die Fortführung des Versicherungsvertrages zu erwarten ist. Nur wenn dies nicht der Fall ist, darf der (relativ niedrige) Rückkaufswert angesetzt werden. Sonst muss nach BGH ein nach wirtschaftlichen Gesichtspunkten bemessener (höherer) Zeitwert angesetzt werden, der nicht nur die eingezahlten Beträge, sondern auch deren Vermehrung berücksichtigt.

4. Anfangsvermögen

Anfangsvermögen ist das Vermögen, das einem Ehegatten nach Abzug der Verbindlichkeiten beim Eintritt des Güterstandes gehört. Dies ist normalerweise der Tag der Eheschließung. Wenn die Ehe zunächst unter einem anderen Güterstand geführt und erst zu einem späteren Zeitpunkt der Güterstand der Zugewinngemeinschaft gewählt wurde, ist letzterer entscheidend. Das Anfangsvermögen ist durch Gegenüberstellung von Aktiva und Passiva zu ermitteln. Bis zur 2009 erfolgten Reform des Zugewinnausgleichs betrug der Wert mindestens Null. Dies ist nicht mehr so. Wenn die Passiva die Aktiva übersteigen, liegt nun ein negatives Anfangsvermögen vor. Der Zugewinn fällt dann bei gleichem Endvermögen entsprechend höher aus. Dies gilt allerdings nur für Zugewinnausgleichsverfahren, die nach dem 1. 9. 2009 anhängig werden. Für Altfälle gilt noch die frühere Regelung, die kein negatives Anfangsvermögen kannte.

Fortsetzung des Beispiels: Herr Zahl hat folgendes Anfangsvermögen (Aktiva abzüglich Passiva):

Aktiendepot	12.000 €
Pkw	8.000 €
./. Bankschulden	2.000 €
= Anfangsvermögen (nominell)	18.000 €

Frau Zahl hat folgendes Anfangsvermögen:

Bankguthaben	5.000 €
Pkw	3.000 €
./. Kreditschulden	1.000 €
= Anfangsvermögen (nominell)	7.000 €

5. Hinzurechnung zum Anfangsvermögen

Um ungerechte Ergebnisse zu vermeiden, werden bestimmte Vermögenszuwendungen, die ein Ehegatte im Laufe der Ehe erhalten hat, privilegiert.

> **§ 1374 BGB.** (...) (2) Vermögen, das ein Ehegatte nach Eintritt des Güterstands von Todes wegen oder mit Rücksicht auf ein künftiges Erbrecht, durch Schenkung oder als Ausstattung erwirbt, wird nach Abzug der Verbindlichkeiten dem Anfangsvermögen hinzugerechnet, soweit es nicht den Umständen nach zu den Einkünften zu rechnen ist. (...)

Wenn sich das Vermögen eines Ehegatten durch Zuwendungen von Todes wegen erhöht hat, soll dies nicht dessen Zugewinn erhöhen. Der Grund dafür liegt darin, dass dieses Vermögen nicht von den Eheleuten erwirtschaftet worden ist, sondern auf den persönlichen Beziehungen des Erben zum Erblasser beruht. Dies betrifft z. B. den Fall, dass ein Ehegatte einen Elternteil beerbt hat. Das Gleiche gilt, wenn ein Ehegatte von seinen Eltern im Wege der vorweggenommenen Erbfolge Geld zur Verfügung gestellt bekommen hat. In beiden Fällen wird der Wert der Zuwendung dem Anfangsvermögen des Begünstigten hinzugerechnet. Der Zugewinn verringert sich entsprechend.

Fortsetzung des Beispiels: Herr Zahl hat am 12. 3. 2000 eine Erbschaft in Höhe von 90.000 € nach seiner Mutter gemacht. Der Wert der Erbschaft ist seinem Anfangsvermögen hinzuzurechnen. Dieses erhöht sich damit (nominell) auf 108.000 €.
Da der Wert der Erbschaft damit sowohl im Endvermögen wie im Anfangsvermögen auftaucht, bleibt sie für den Zugewinnausgleich neutral.

Was ein Ehegatte als persönliche **Schenkung** erhält, zählt ebenfalls zum privilegierten Erwerb. Auch insoweit handelt es sich nicht um in der Ehe erwirtschaftetes Vermögen. Wenn beispielsweise ein Ehegatte während der Ehe von seinen Eltern ein Grundstück geschenkt bekommen hat, wird dessen Wert seinem Anfangsvermögen hinzugerechnet. Es muss sich um eine persönliche Zuwendung an einen der Ehegatten handeln, die nur dessen Vermögen zugute kommen soll. Bei kleineren Beträgen (bis ca. 500 €) wird in der Regel davon ausgegangen, dass diese nicht der Vermögensbildung, sondern dem laufenden Lebensunterhalt dienen sollen und deshalb keine privilegierte Schenkung vorliegt.

Wichtig!

§ 1374 BGB stellt eine abschließende Regelung dar, die nicht auf andere Zuwendungen ausgedehnt werden kann. Ein Lottogewinn, den einer der Ehegatten während der Ehe gemacht hat, ist beim Zugewinnausgleich zu berücksichtigen.

6. Endvermögen

Auch das Endvermögen ist durch Gegenüberstellung von Aktiva und Passiva zu ermitteln (§ 1375 BGB). Bis zur 2009 erfolgten Reform des Zugewinnausgleichs betrug der Wert mindestens Null. Dies ist nun anders. Wenn die Passiva die Aktiva übersteigen liegt ein negatives Endvermögen vor. Dies gilt allerdings nur für Zugewinnausgleichsverfahren, die nach dem 1. 9. 2009 anhängig werden. Für Altfälle gilt die frühere Regelung, die kein negatives Endvermögen kannte.

Gegenstände, die gemeinschaftliches Eigentum sind, werden jedem wertmäßig zur Hälfte zugerechnet. Ob gemeinschaftliches Eigentum oder Alleineigentum vorliegt, ist bei beweglichen Sachen oft unklar, bei Grundstücken bringt ein Blick ins Grundbuch Klarheit. Gesamtschuldnerische Verbindlichkeiten sind mit der Quote anzusetzen, die im Innenverhältnis auf den jeweiligen Ehegatten entfällt.

Fortsetzung des Beispiels: Herr Zahl hat folgendes Endvermögen (Aktiva abzüglich Passiva)

Bankguthaben	2.000 €
Aktienguthaben	12.000 €
Kraftfahrzeug	9.000 €
Lebensversicherung	65.000 €
Eigentumswohnung	200.000 €
./. Kreditschulden	40.000 €
= Endvermögen	248.000 €
Frau Zahl hat folgendes Endvermögen:	
Bankguthaben	4.000 €
Kraftfahrzeug	5.000 €
Lebensversicherung	30.000 €
Schmuck	2.000 €
./. Bankschulden	1.000 €
= Endvermögen	40.000 €

7. Hinzurechnung zum Endvermögen

Das Gegenstück zum privilegierten Erwerb ist die illoyale Vermögensminderung.

§ 1375 BGB. (...) (2) Dem Endvermögen eines Ehegatten wird der Betrag hinzugerechnet, um den dieses Vermögen dadurch vermindert ist, dass ein Ehegatte nach Eintritt des Güterstands
1. unentgeltliche Zuwendungen gemacht hat, durch die er nicht einer sittlichen Pflicht oder einer auf den Anstand zu nehmenden Rücksicht entsprochen hat,
2. Vermögen verschwendet hat oder
3. Handlungen in der Absicht vorgenommen hat, den anderen Ehegatten zu benachteiligen. (...)

Vermögensverschiebungen eines Ehegatten, die sich dem anderen Ehegatten gegenüber als illoyal darstellen, sollen sich nicht auf den Zugewinnausgleich auswirken. Hat ein Ehegatte beispielsweise Vermögensbeträge verschwendet, werden diese dessen Endvermögen hinzugerechnet, was zu einer Erhöhung des Zugewinns führt.

> **Fortsetzung des Beispiels:** Frau Zahl hat ihrem neuen Partner im November 2005, also neun Monate nach der Trennung, ein exklusives Mountainbike im Wert von 2.000 € geschenkt.
> Dies ist als illoyale Vermögensminderung anzusehen. Der Wert des Mountainbikes ist ihrem Endvermögen hinzuzurechnen.

8. Ehebedingte Schenkung

Zuwendungen der Eheleute untereinander sind keine privilegierten Zuwendungen. Sie werden deshalb nicht dem Anfangsvermögen des Begünstigten hinzugerechnet. Die Zuwendung ist rechtlich als Schenkung anzusehen, wenn sich die Beteiligten darüber einig sind, dass diese unentgeltlich erfolgt. Die Einigung über die Unentgeltlichkeit ist nur dann zu bejahen, wenn von einer echten Freigiebigkeit unabhängig von Fortbestand der Ehe ausgegangen werden kann. Dafür muss der Wille erkennbar sein, die Zuwendung auch über die Scheidung hinaus bestehen zu lassen. Dies ist die Ausnahme und bei der Weggabe größerer Vermögensgegenstände in aller Regel nicht anzunehmen. Wenn eine echte Schenkung vorliegt, kann diese nur in Ausnahmefällen rückgängig gemacht werden. Auch wenn von einer von Dankbarkeit geprägten Haltung des Beschenkten ausgegangen wird, ist ein Widerruf wegen grober Undankbarkeit im Sinne des § 530 BGB nur selten möglich. Die an eine schwere Verfehlung gegen den Schenker zu stellenden Anforderungen sind sehr hoch. Der Vorwurf des Ehebruchs reicht dafür nicht aus.

> **RECHTSPRECHUNG:** Das Verhalten einer Ehefrau, die aus steuerlichen Gründen während der Ehe durch Schenkung das Alleineigentum an dem bisher im Miteigentum der Eheleute stehenden Hausgrundstück erlangt hatte und nach dem Scheitern der Ehe vom Mann die sofortige Räumung der im Souterrain errichteten Werkstatt verlangte, die jener zur Berufsausübung benötigte, wurde vom BGH als grober Undank bewertet.

9. Ehebedingte Zuwendung

Wenn die Zuwendung des einen Ehegatten an den anderen nicht unentgeltlich erfolgt ist, sondern um der Ehe willen, im Vertrauen darauf, dass diese weiter Bestand haben wird, spricht man von einer ehebedingten Zuwendung.

Nach BGH ist eine größere Zuwendung in aller Regel als ehebedingt anzusehen, z. B.

- Übertragung eines Miteigentumsanteils an einem Hausgrundstück während der Ehe

- Übertragung eines Wertpapierdepots kurz nach der Eheschließung

- Verwendung des gesamten Erbes für den Ausbau eines Hauses, das dem anderen Ehegatten gehört.

Mit der Scheidung ist die Geschäftsgrundlage für die Zuwendung entfallen mit der Folge, dass ein Ausgleichsanspruch gegeben sein kann, der bis zur vollständigen Rückgewähr des Geleisteten reichen kann. Entscheidend für die Höhe des Ausgleichsanspruchs sind alle Umstände, nicht zuletzt Dauer der Ehe sowie Art und Umfang der erbrachten Leistungen einschließlich Haushaltsführung und Kindererziehung.

10. Ausgleichsanspruch

Zugewinn ist der Betrag, um den das Endvermögen das Anfangsvermögen übersteigt (§ 1373 BGB). Der Zugewinn beträgt mindestens Null. Er kann also keine negative Größe annehmen. Daran hat sich durch die 2009 erfolgte Reform nichts geändert.

Nur der echte Vermögenszuwachs ist auszugleichen, Scheingewinne sind herauszuhalten. Der **Kaufkraftschwund** des Geldes in der Zeit zwischen Anfang und Ende der Zugewinngemeinschaft muss neutralisiert werden. Deshalb werden das Anfangsvermögen und die diesem hinzuzurechnenden Zuwendungen auf die Kaufkraftverhältnisse des Endstichtags umgerechnet. Der BGH hat dazu ein pauschales Verfahren entwickelt: Mit Hilfe des allgemeinen Lebenshaltungsindexes des Statistischen Bundesamtes werden alle Beträge auf die Kaufkraft am Endstichtag umgerechnet.

Die Formel dafür lautet:

Betrag des Anfangsvermögens × Index Jahr der Rechtshängigkeit Scheidungsklage ./. Index Jahr der Eheschließung = Anfangsvermögen umgerechnet auf Endstichtag.

Fortsetzung des Beispiels: Herr Zahl hat folgenden Zugewinn erzielt:

Endvermögen	248.000 €
./. Anfangsvermögen (inflationsbereinigt)	29.973 €
./. Hinzurechnungen zum Anfangsvermögen	99.360 €
= Zugewinn	118.667 €
Frau Zahl hat folgenden Zugewinn erzielt:	
Endvermögen	42.000 €
./. Anfangsvermögen (inflationsbereinigt)	11.656 €
= Zugewinn	30.344 €

Übersteigt der Zugewinn des einen Ehegatten den Zugewinn des anderen, steht letzterem die Hälfte des Überschusses als Ausgleichsforderung zu. Die Ausgleichsforderung wird allerdings begrenzt durch den Wert des Vermögens, welches bei Beendigung der Zugewinngemeinschaft vorhanden ist (§ 1378 BGB).

Die Ausgleichsforderung entsteht erst mit Beendigung des Güterstandes.

Fortsetzung des Beispiels: Herr Zahl hat also einen um 88.323 € höheren Zugewinn erzielt als Frau Zahl. Die Hälfte davon, also 44.161,50 €, hat er als Zugewinnausgleich an seine Frau zu zahlen.
Wenn eine außergerichtliche Einigung scheitert, wird auf Antrag vom Gericht über den Zugewinnausgleich zu entscheiden sein. Die Entscheidung wird so aussehen:
Der Antragsgegner wird verurteilt, an die Antragstellerin zum Ausgleich des Zugewinns 44.161,50 € zuzüglich Zinsen hieraus von 5 Prozentpunkten über dem Basiszinssatz ab Rechtskraft der Scheidung zu bezahlen.

Der Zugewinnausgleichanspruch wird mit Rechtskraft der Entscheidung fällig. Erst ab diesem Zeitpunkt ist der Anspruch zu verzinsen, in üblicher Zinshöhe von 5 Prozentpunkten über dem Basiszinssatz.

Praxistipp:

Wenn Ihr Vermögen gebunden ist, etwa in einer Immobilie, kann es schwierig sein, das Geld für die Ausgleichszahlung „flüssig" zu machen. Sie können in diesem Fall bei Gericht die Stundung der Ausgleichsforderung beantragen. Die Verzinsungspflicht wird davon allerdings nicht berührt.

Wichtig!

Die Zugewinnausgleichsforderung kann auch erst später, nach Scheidung, geltend gemacht werden. Sie muss aber innerhalb von drei Jahren nach Beendigung des Güterstandes erhoben werden, da sonst Verjährung eintritt.

11. Erbrechtliche Folgen

Die Scheidung hat unmittelbare erbrechtliche Folgen. Mit der Eheschließung ist nämlich ein wechselseitiger gesetzlicher Erbanspruch verbunden.

> **§ 1931 BGB.** (1) Der überlebende Ehegatte des Erblassers ist neben Verwandten der ersten Ordnung zu einem Viertel, neben Verwandten der zweiten Ordnung oder neben Großeltern zur Hälfte der Erbschaft als gesetzlicher Erbe berufen. (…)

Spätestens mit Rechtskraft der Scheidung endet das Ehegattenerbrecht. Das Ende kann aber auch unabhängig davon eintreten, wenn die Voraussetzungen für die Scheidung der Ehe beim Tode des Erblassers gegeben waren und dieser die Scheidung beantragt oder dieser zugestimmt hat (§ 1933 BGB). Das Gleiche gilt, wenn der Erblasser berechtigt war, Antrag auf Aufhebung der Ehe zu stellen und einen solchen Antrag gestellt hat.

Im Falle der Zugewinngemeinschaft wirkt sich das gesetzliche Erbrecht des Ehegatten auf die Durchführung des Zugewinnausgleichs aus.

> **§ 1371 BGB.** (1) Wird der Güterstand durch den Tod eines Ehegatten beendet, so wird der Ausgleich des Zugewinns dadurch verwirklicht, dass sich der gesetzliche Erbteil des Überlebenden um ein Viertel erhöht; hierbei ist es unerheblich, ob die Ehegatten im einzelnen Fall einen Zugewinn erzielt haben. (…)

Für die erbrechtliche Durchführung des Zugewinnausgleichs ist es nicht erforderlich, dass überhaupt ein Zugewinn erzielt worden ist. Voraussetzung ist, dass der Überlebende als gesetzlicher Erbe berufen ist. Wenn dieser aufgrund einer Verfügung von Todes wegen (Testament) erbt, kommt es zu keiner Erhöhung des Erbteils. Bei Durchführung des erbrechtlichen Zugewinnausgleichs entfallen alle sonst erforderlichen Berechnungen. Statt eines Zugewinnausgleichsanspruchs erhält der überlebende Ehegatte ein um ein Viertel erhöhtes Erbrecht. Neben gemeinsamen Kindern erbt er dann zur Hälfte (zwei Kinder erben dann je $1/4$, drei Kinder je $1/6$).

VIII. Weitere Güterstände

Wenn die Eheleute nicht im Güterstand der Zugewinngemeinschaft leben, ist kein Zugewinnausgleich vorzunehmen.

1. Gütertrennung

Der nach Zugewinngemeinschaft in der Praxis zweitwichtigste Güterstand ist die Gütertrennung (§ 1414 BGB). Dieser wird hauptsächlich von Ehepartnern gewählt, von denen einer oder beide größere Vermögen in die Ehe einbringen. Wie bei der Zugewinngemeinschaft gibt es zwei voneinander unabhängige Vermögen, das Vermögen des Ehemannes und das der Ehefrau. Jeder Ehegatte verwaltet sein Vermögen selbst und ist berechtigt, die eigenen Einkünfte für eigene Zwecke zu verwenden. Der wesentliche Unterschied zur Zugewinngemeinschaft liegt darin, dass bei der Scheidung keinerlei Vermögensausgleich stattfindet. Bei Gütertrennung spielt das Güterrecht im Scheidungsverfahren also keine Rolle. Soweit die Ehepartner einzelne Vermögensgegenstände gemeinsam angeschafft haben, ist es sinnvoll, sich darüber anlässlich der Scheidung auseinander zu setzen.

2. Gütergemeinschaft

Der vom Gesetz angebotene dritte Güterstand, die Gütergemeinschaft, spielt in der Praxis kaum eine Rolle. Wegen der daraus resultierenden starken Abhängigkeiten der Ehepartner voneinander wird dieser Güterstand als wenig zeitgemäß erlebt. Die Gütergemeinschaft (§ 1415 BGB) sieht Mann und Frau im Bereich des Vermögens als Einheit. Ihr Wesen besteht darin, dass das in die Ehe eingebrachte und später erworbene Vermögen beider Eheleute deren gemeinschaftliches Vermögen wird. Es wird zum sog. Gesamtgut zusammengefasst, welches in der Regel gemeinschaftlich verwaltet wird. Neben dem Gesamtgut gibt es noch weitere Vermögensmassen, das jeweilige Sondergut beider Ehegatten und deren jeweiliges Vorbehaltsgut. Für die Scheidung spielt der Güterstand der Gütergemeinschaft keine Rolle.

Schlussbemerkung

Lieber Leser,

ich hoffe, dass die Lektüre dieses Scheidungsratgebers für Sie von Nutzen war. Das Wichtigste ist, dass Sie wissen, worauf es zu achten gilt. Dies setzt einen gewissen Überblick voraus, den Sie mit Hilfe dieses Buches gewinnen können. Wenn Sie nur einen der Fehler, die oft gemacht werden, vermeiden können, hat sich die Anschaffung gelohnt.

Anwaltlicher Rat wird durch dieses Buch nicht entbehrlich. Sie sollten spätestens zu Beginn der Trennung, besser noch vorher, einen Anwalt aufsuchen und sich umfassend beraten lassen. Der Gesetzgeber hat für die Erstberatung von Verbrauchern zu deren Schutz einen besonderen Gebührenrahmen mit einer Kappungsgrenze geschaffen. Verbraucher ist jeder Mensch, der nicht als Gewerbetreibender oder Selbstständiger betroffen ist. Unter dem Aspekt von Trennung und Scheidung zählen Sie unabhängig von Ihrer beruflichen Stellung in jedem Fall dazu. Die Obergrenze für die Erstberatung eines Verbrauchers beträgt (netto) 190 €.

Ich wünsche Ihnen, dass Sie alle Streitpunkte „im Guten" lösen können. Dies gelingt erfahrungsgemäß gut mit Hilfe einer Mediation. Hat diese Erfolg, ist alles schon geregelt, wenn die „Scheidung eingereicht" wird. Auch eine gute anwaltliche Vertretung kann viel dazu beitragen, zu einer einvernehmlichen Lösung zu gelangen.

Wenn ein Gerichtsstreit nicht zu vermeiden ist, bleibt immer noch die Möglichkeit, diesen mit einem vernünftigen Vergleich zu beenden. Wenn alle Bemühungen scheitern, müssen Sie darauf hoffen, „Recht" zu bekommen. Ich wünsche Ihnen das Beste.

Anhang

I. Checklisten

Checkliste 1: Trennung

1. **Ehewohnung:** Klärung der Rechtsverhältnisse soweit möglich
   - ☐ Entlassung aus dem Mietvertrag?
   - ☐ Mieteraustausch?
   - ☐ Freistellungsvereinbarung?

2. **Konten:** Aufteilung gemeinsamer Konten
   - ☐ Evtl. neues Konto eröffnen
   - ☐ Widerruf evtl. bestehender Kontovollmachten

3. **Haushaltsgegenstände:** Aufteilung soweit Einigung möglich
   - ☐ Möbel, Lampen,
   - ☐ Bettzeug, Handtücher, Tischdecken usw.
   - ☐ Kühlschrank, Waschmaschine usw.
   - ☐ Töpfe, Geschirr, Besteck
   - ☐ Fernseher, Musikanlage usw.

4. **Persönliche Gegenstände:** Bei Auszug Mitnahme
   - ☐ Kleidung
   - ☐ Geschenke
   - ☐ Bücher
   - ☐ Sportartikel
   - ☐ Hobbyartikel

5. **Persönlicher Dokumente:** Bei Auszug Mitnahme
   - ☐ Pass, Personalausweis
   - ☐ Eigene Geburtsurkunde
   - ☐ Heiratsurkunde (beglaubigte Ausfertigung)
   - ☐ Geburtsurkunden der Kinder (beglaubigte Ausfertigung)
   - ☐ Eigene Schulzeugnisse,
   - ☐ Eigene Diplome etc.
   - ☐ Eigene Arbeitszeugnisse
   - ☐ Krankenversicherungsunterlagen
   - ☐ Rentenversicherungsunterlagen

6. **Vermögensunterlagen:** Bei Auszug Mitnahme
   - ☐ Eigene Gehaltsabrechnungen
   - ☐ Kopien der Gehaltsabrechnungen der Ehefrau
   - ☐ Eigene Kontounterlagen
   - ☐ Kopien der Kontounterlagen der Ehefrau

- ☐ Eigene Unterlagen Lebensversicherungen
- ☐ Kopien der Lebensversicherungen der Ehefrau
- ☐ Eigene Bausparunterlagen
- ☐ Kopie der Bausparunterlagen der Ehefrau
- ☐ Eigene Aktien
- ☐ Kopien der Aktien der Ehefrau
- ☐ Eigene Fondsunterlagen
- ☐ Kopien der Fondunterlagen der Ehefrau
- ☐ Unterlagen über eigene Schulden
- ☐ Unterlagen über gemeinsame Schulden (evtl. Kopien)

7. **Grundbesitzunterlagen:** Bei Auszug Mitnahme
   - ☐ Grundbuchauszug
   - ☐ Grundsteuerbescheid
   - ☐ Grundstücksversicherungen
   - ☐ Unterlagen über die Darlehensverbindlichkeiten

8. **Sorge- und Umgangsrecht:** Einigung soweit möglich
   - ☐ Jugendamt einschalten?
   - ☐ Mediation?
   - ☐ Familiengericht anrufen?

9. Polizeiliche Ummeldung bei Auszug

Checkliste 2: Scheidung

1. **Scheidungsantrag:** Zeitpunkt überlegen
   - ☐ Eigener Scheidungsantrag?
   - ☐ Antrag der Ehefrau abwarten?
   - ☐ **Scheidungsverfahren:** Unterlagen
   - ☐ Heiratsurkunde
   - ☐ Geburtsurkunden der Kinder

2. **Versorgungsausgleich:** Unterlagen
   - ☐ Rentenunterlagen der Deutschen Rentenversicherung
   - ☐ Private Rentenpolicen

3. **Weitere Folgesachen:** Außergerichtliche Regelung?
   - ☐ Elterliche Sorge/Umgangsrecht?
   - ☐ Kindesunterhalt?
   - ☐ Ehegattenunterhalt?
   - ☐ Ehewohnung?
   - ☐ Haushaltsgegenstände?
   - ☐ Zugewinnausgleich?

4. **Folgesache Unterhalt:** Unterlagen
   - ☐ Eigene Gehaltsabrechnungen

☐ Kopien der Gehaltsabrechnungen der Ehefrau

5. **Folgesache Zugewinnausgleich:** Unterlagen
   ☐ Lebensversicherungspolicen
   ☐ Kontoauszüge, Sparbücher
   ☐ Zeitwerte für Kfz, Motorrad etc.
   ☐ Zeitwert der Eigentumswohnung bzw. des Hauses
   ☐ Aufstellung über Anfangs- und Endvermögen
   ☐ Aufstellung gemeinsamer und persönlicher Schulden

6. **Krankenversicherung:** Fortsetzung sicherstellen
   ☐ Ende der Mitversicherung in der gesetzlichen Krankenversicherung beachten

II. Düsseldorfer Tabelle

A. Kindesunterhalt

	Nettoeinkommen des Barunterhaltspflichtigen (Anm. 3, 4)	Altersstufen in Jahren (§ 1612a Abs. 1 BGB)				Pro-zent-satz	Bedarfs-kontroll-betrag (Anm. 6)
		0–5	6–11	12–17	ab 18		
		Alle Beträge in Euro					
1.	bis 1.500	317	364	426	488	100	770/900
2.	1.501–1.900	333	383	448	513	105	1.000
3.	1.901–2.300	349	401	469	537	110	1.100
4.	2.301–2.700	365	419	490	562	115	1.200
5.	2.701–3.100	381	437	512	586	120	1.300
6.	3.101–3.500	406	466	546	625	128	1.400
7.	3.501–3.900	432	496	580	664	136	1.500
8.	3.901–4.300	457	525	614	703	144	1.600
9.	4.301–4.700	482	554	648	742	152	1.700
10.	4.701–5.100	508	583	682	781	160	1.800

ab 5.101 nach den Umständen des Falles

Die neue Tabelle nebst Anmerkungen beruht auf Koordinierungsgesprächen, die unter Beteiligung aller Oberlandesgerichte und der Unterhaltskommission des Deutschen Familiengerichtstages e.V. stattgefunden haben.

Anmerkungen:

1. Die Tabelle hat keine Gesetzeskraft, sondern stellt eine Richtlinie dar. Sie weist den monatlichen Unterhaltsbedarf aus, bezogen auf zwei Unterhaltsberechtigte, ohne Rücksicht auf den Rang. Der Bedarf ist nicht identisch mit dem Zahlbetrag; dieser ergibt sich unter Berücksichtigung der nachfolgenden Anmerkungen.

Bei einer größeren/geringeren Anzahl Unterhaltsberechtigter können Ab- oder Zuschläge durch Einstufung in niedrigere/ höhere Gruppen angemessen sein. Anmerkung 6 ist zu beachten. Zur Deckung des notwendigen Mindestbedarfs aller Beteiligten – einschließlich des Ehegatten – ist gegebenenfalls eine Herabstufung bis in die unterste Tabellengruppe vorzunehmen. Reicht das verfügbare Einkommen auch dann nicht aus, setzt sich der Vorrang der Kinder im Sinne von Anm. 5 Abs. 1 durch. Gegebenenfalls erfolgt zwischen den erstrangigen Unterhaltsberechtigten eine Mangelberechnung nach Abschnitt C.

2. Die Richtsätze der 1. Einkommensgruppe entsprechen dem Mindestbedarf in Euro gemäß § 1612a BGB. Der Prozentsatz drückt die Steigerung des Richtsatzes der jeweiligen Einkommensgruppe gegenüber dem Mindestbedarf (= 1. Einkommensgruppe) aus. Die durch Multiplikation des gerundeten Mindestbedarfs mit dem Prozentsatz errechneten Beträge sind entsprechend § 1612a Abs. 2 S. 2 BGB aufgerundet.

3. Berufsbedingte Aufwendungen, die sich von den privaten Lebenshaltungskosten nach objektiven Merkmalen eindeutig abgrenzen lassen, sind vom Einkommen abzuziehen, wobei bei entsprechenden Anhaltspunkten eine Pauschale von 5 % des Nettoeinkommens – mindestens 50 EUR, bei geringfügiger Teilzeitarbeit auch weniger, und höchstens 150 EUR monatlich – geschätzt werden kann. Übersteigen die berufsbedingten Aufwendungen die Pauschale, sind sie insgesamt nachzuweisen.

4. Berücksichtigungsfähige Schulden sind in der Regel vom Einkommen abzuziehen.

5. Der notwendige Eigenbedarf (Selbstbehalt)

– gegenüber minderjährigen unverheirateten Kindern,

    – gegenüber volljährigen unverheirateten Kindern bis zur Vollendung des 21. Lebensjahres, die im Haushalt der Eltern oder eines Elternteils leben und sich in der allgemeinen Schulausbildung befinden,

beträgt beim nicht erwerbstätigen Unterhaltspflichtigen monatlich 770 EUR, beim erwerbstätigen Unterhaltspflichtigen monatlich 900 EUR. Hierin sind bis 360 EUR für Unterkunft einschließlich umlagefähiger Nebenkosten und Heizung (Warmmiete) enthalten. Der Selbstbehalt kann angemessen erhöht werden, wenn dieser Betrag im Einzelfall erheblich überschritten wird und dies nicht vermeidbar ist.

Der angemessene Eigenbedarf, insbesondere gegenüber anderen volljährigen Kindern, beträgt in der Regel mindestens monatlich 1.100 EUR. Darin ist eine Warmmiete bis 450 EUR enthalten.

6. Der Bedarfskontrollbetrag des Unterhaltspflichtigen ab Gruppe 2 ist nicht identisch mit dem Eigenbedarf. Er soll eine ausgewogene Verteilung des Einkommens zwischen dem Unterhaltspflichtigen und den unterhaltsberechtigten Kindern gewährleisten. Wird er unter Berücksichtigung anderer Unterhaltspflichten unterschritten, ist der Tabellenbetrag der nächst niedrigeren Gruppe, deren Bedarfskontrollbetrag nicht unterschritten wird, anzusetzen.

7. Bei volljährigen Kindern, die noch im Haushalt der Eltern oder eines Elternteils wohnen, bemisst sich der Unterhalt nach der 4. Altersstufe der Tabelle.

Der angemessene Gesamtunterhaltsbedarf eines Studierenden, der nicht bei seinen Eltern oder einem Elternteil wohnt, beträgt in der Regel monatlich 640 EUR. Hierin sind bis 270 EUR für Unterkunft einschließlich umlagefähiger Nebenkosten und Heizung (Warmmiete) enthalten. Dieser Bedarfssatz kann auch für ein Kind mit eigenem Haushalt angesetzt werden.

8. Die Ausbildungsvergütung eines in der Berufsausbildung stehenden Kindes, das im Haushalt der Eltern oder eines Elternteils wohnt, ist vor ihrer Anrechnung in der Regel um einen ausbildungsbedingten Mehrbedarf von monatlich 90 EUR zu kürzen.

144

9. In den Bedarfsbeträgen (Anmerkungen 1 und 7) sind Beiträge zur Kranken- und Pflegeversicherung sowie Studiengebühren nicht enthalten.

10. Das auf das jeweilige Kind entfallende Kindergeld ist nach § 1612b BGB auf den Tabellenunterhalt (Bedarf) anzurechnen.

B. Ehegattenunterhalt

I. Monatliche Unterhaltsrichtsätze des berechtigten Ehegatten ohne unterhaltsberechtigte Kinder (§§ 1361, 1569, 1578, 1581 BGB):

1. gegen einen erwerbstätigen Unterhaltspflichtigen:
   a) wenn der Berechtigte kein Einkommen hat: 3/7 des anrechenbaren Erwerbseinkommens zuzüglich 1/2 der anrechenbaren sonstigen Einkünfte des Pflichtigen, nach oben begrenzt durch den vollen Unterhalt, gemessen an den zu berücksichtigenden ehelichen Verhältnissen;
   b) wenn der Berechtigte ebenfalls Einkommen hat: 3/7 der Differenz zwischen den anrechenbaren Erwerbseinkommen der Ehegatten, insgesamt begrenzt durch den vollen ehelichen Bedarf; für sonstige anrechenbare Einkünfte gilt der Halbteilungsgrundsatz;
   c) wenn der Berechtigte erwerbstätig ist, obwohl ihn keine Erwerbsobliegenheit trifft: gemäß § 1577 Abs. 2 BGB;
2. gegen einen nicht erwerbstätigen Unterhaltspflichtigen (z. B. Rentner): wie zu 1 a, b oder c, jedoch 50 %.

II. Fortgeltung früheren Rechts:

1. Monatliche Unterhaltsrichtsätze des nach dem Ehegesetz berechtigten Ehegatten ohne unterhaltsberechtigte Kinder:
   a) §§ 58, 59 EheG: in der Regel wie I,
   b) § 60 EheG: in der Regel 1/2 des Unterhalts zu I,
   c) § 61 EheG: nach Billigkeit bis zu den Sätzen I.
2. Bei Ehegatten, die vor dem 03. 10. 1990 in der früheren DDR geschieden worden sind, ist das DDR-FGB in Verbindung mit dem Einigungsvertrag zu berücksichtigen (Art. 234 § 5 EGBGB).

III. Monatliche Unterhaltsrichtsätze des berechtigten Ehegatten, wenn die ehelichen Lebensverhältnisse durch Unterhaltspflichten gegenüber Kindern geprägt werden:

Wie zu I bzw. II 1, jedoch wird grundsätzlich der Kindesunterhalt (Zahlbetrag; vgl. Anm. C und Anhang) vorab vom Nettoeinkommen abgezogen.

IV. Monatlicher Eigenbedarf (Selbstbehalt) gegenüber dem getrennt lebenden und dem geschiedenen Berechtigten:

unabhängig davon, ob erwerbstätig oder nicht erwerbstätig 1.000 EUR

V. Existenzminimum des unterhaltsberechtigten Ehegatten einschließlich des trennungsbedingten Mehrbedarfs in der Regel:

1. falls erwerbstätig: 900 EUR
2. falls nicht erwerbstätig: 770 EUR

VI. Monatlicher notwendiger Eigenbedarf des Ehegatten, der in einem gemeinsamen Haushalt mit dem Unterhaltspflichtigen lebt, gegenüber nicht privilegierten volljährigen Kindern oder nachrangigen (geschiedenen) Ehegatten:

unabhängig davon, ob erwerbstätig oder nicht erwerbstätig: 800 EUR

Anmerkung zu I–III:

Hinsichtlich berufsbedingter Aufwendungen und berücksichtigungsfähiger Schulden gelten Anmerkungen A. 3 und 4 – auch für den erwerbstätigen Unterhaltsberechtigten – entsprechend. Diejenigen berufsbedingten Aufwendungen, die sich nicht nach objektiven Merkmalen eindeutig von den privaten Lebenshaltungskosten abgrenzen lassen, sind pauschal im Erwerbstätigenbonus von $^1/_7$ enthalten.

C. Mangelfälle

Reicht das Einkommen zur Deckung des Bedarfs des Unterhaltspflichtigen und der gleichrangigen Unterhaltsberechtigten nicht aus (sog.

Mangelfälle), ist die nach Abzug des notwendigen Eigenbedarfs (Selbstbehalts) des Unterhaltspflichtigen verbleibende Verteilungsmasse auf die Unterhaltsberechtigten im Verhältnis ihrer jeweiligen Einsatzbeträge gleichmäßig zu verteilen.

Der Einsatzbetrag für den Kindesunterhalt entspricht dem Zahlbetrag des Unterhaltspflichtigen. Dies ist der nach Anrechnung des Kindergeldes oder von Einkünften auf den Unterhaltsbedarf verbleibende Restbedarf.

Beispiel: Bereinigtes Nettoeinkommen des Unterhaltspflichtigen (M): 1.300 EUR. Unterhalt für drei unterhaltsberechtigte Kinder im Alter von 18 Jahren (K 1), 7 Jahren (K 2), und 5 Jahren (K 3), Schüler die bei der nicht unterhaltsberechtigten, den Kindern nicht barunterhaltspflichtigen Ehefrau und Mutter (F) leben. F bezieht das Kindergeld.

Notwendiger Eigenbedarf des M: 900 EUR

Verteilungsmasse: 1.300 EUR – 900 EUR = 400 EUR

Summe der Einsatzbeträge der Unterhaltsberechtigten:
304 EUR (488 – 184) (K 1) + 272 EUR (364 – 92) (K 2) + 222 EUR (317 – 95) (K 3) = 798 EUR

Unterhalt:
K 1: 304 × 400: 798 = 152,28 EUR
K 2: 272 × 400: 798 = 136,34 EUR
K 3: 222 × 400: 798 = 111,28 EUR

D. Verwandtenunterhalt und Unterhalt nach § 1615 l BGB

I. Angemessener Selbstbehalt gegenüber den Eltern: mindestens monatlich 1.400 EUR (einschließlich 450 EUR Warmmiete) zuzüglich der Hälfte des darüber hinausgehenden Einkommens. Der angemessene Unterhalt des mit dem Unterhaltspflichtigen zusammenlebenden Ehegatten bemisst sich nach den ehelichen Lebensverhältnissen (Halbteilungsgrundsatz), beträgt jedoch mindestens 1.050 EUR (einschließlich 350 EUR Warmmiete).

II. Bedarf der Mutter und des Vaters eines nichtehelichen Kindes (§ 1615 l BGB): nach der Lebensstellung des betreuenden Elternteils, in der Regel mindestens 770 EUR.

Angemessener Selbstbehalt gegenüber der Mutter und dem Vater eines nichtehelichen Kindes (§§ 1615 l, 1603 Abs. 1 BGB): unabhängig davon, ob erwerbstätig oder nicht erwerbstätig: 1.000 EUR.

E. Übergangsregelung

Umrechnung dynamischer Titel über Kindesunterhalt nach § 36 Nr. 3 EGZPO: Ist Kindesunterhalt als Prozentsatz des jeweiligen Regelbetrages zu leisten, bleibt der Titel bestehen. Eine Abänderung ist nicht erforderlich. An die Stelle des bisherigen Prozentsatzes vom Regelbetrag tritt ein neuer Prozentsatz vom Mindestunterhalt (Stand: 1. 1. 2008). Dieser ist für die jeweils maßgebliche Altersstufe gesondert zu bestimmen und auf eine Stelle nach dem Komma zu begrenzen (§ 36 Nr. 3 EGZPO). Der Bedarf ergibt sich aus der Multiplikation des neuen Prozentsatzes mit dem Mindestunterhalt der jeweiligen Altersstufe und ist auf volle Euro aufzurunden (§ 1612a Abs. 2 S. 2 BGB). Der Zahlbetrag ergibt sich aus dem um das jeweils anteilige Kindergeld verminderten bzw. erhöhten Bedarf.

Es sind vier Fallgestaltungen zu unterscheiden:

1. Der Titel sieht die Anrechnung des hälftigen Kindergeldes (für das 1. bis 3. Kind 77 EUR, ab dem 4. Kind 89,50 EUR) oder eine teilweise Anrechnung des Kindergeldes vor (§ 36 Nr. 3a EGZPO).

   (Bisheriger Zahlbetrag + 1/2 Kindergeld) × 100: Mindestunterhalt der jeweiligen Altersstufe = Prozentsatz neu

   Beispiel für 1. Altersstufe: (196 EUR + 77 EUR) × 100: 279 EUR = 97,8 %

   279 EUR × 97,8 % = 272,86 EUR, aufgerundet 273 EUR

   Zahlbetrag: 273 EUR ./. 77 EUR = 196 EUR

2. Der Titel sieht die Hinzurechnung des hälftigen Kindergeldes vor (§ 36 Nr. 3b EGZPO).

   (Bisheriger Zahlbetrag – 1/2 Kindergeld) × 100: Mindestunterhalt der jeweiligen Altersstufe = Prozentsatz neu

   Beispiel für 1. Altersstufe: (273 EUR – 77 EUR) × 100: 279 EUR = 70,2 %

   279 EUR × 70,2 % = 195,85 EUR, aufgerundet 196 EUR

   Zahlbetrag: 196 EUR + 77 EUR = 273 EUR

3. Der Titel sieht die Anrechnung des vollen Kindergeldes vor (§ 36 Nr. 3c EGZPO).

   (Zahlbetrag + 1/1 Kindergeld) × 100: Mindestunterhalt der jeweiligen Altersstufe = Prozentsatz neu

   Beispiel für 2. Altersstufe: (177 EUR + 154 EUR) × 100: 322 EUR = 102,7 %

   322 EUR × 102,7 % = 330,69 EUR, aufgerundet 331 EUR

   Zahlbetrag: 331 EUR ./. 154 EUR = 177 EUR

4. Der Titel sieht weder eine Anrechnung noch eine Hinzurechnung des Kindergeldes vor (§ 36 Nr. 3d EGZPO).

   (Zahlbetrag + 1/2 Kindergeld) × 100: Mindestunterhalt der jeweiligen Altersstufe = Prozentsatz neu

   Beispiel für 3. Altersstufe: (329 EUR + 77 EUR) × 100: 365 EUR = 111,2 %

   365 EUR × 111,2 % = 405,88 EUR, aufgerundet 406 EUR

   Zahlbetrag: 406 EUR ./. 77 EUR = 329 EUR

Anhang: Tabelle Zahlbeträge

Die folgenden Tabellen enthalten die sich nach Abzug des jeweiligen Kindergeldanteils (hälftiges Kindergeld bei Minderjährigen, volles Kindergeld bei Volljährigen) ergebenden Zahlbeträge. Für das 1. und 2. Kind beträgt das Kindergeld derzeit 184 EUR, für das 3. Kind 190 EUR, ab dem 4. Kind 215 EUR.

1. und 2. Kind		0–5	6–11	12–17	ab 18	%
1.	bis 1.500	225	272	334	304	100
2.	1.501–1.900	241	291	356	329	105
3.	1.901–2.300	257	309	377	353	110
4.	2.301–2.700	273	327	398	378	115
5.	2.701–3.100	289	345	420	402	120
6.	3.101–3.500	314	374	454	441	128
7.	3.501–3.900	340	404	488	480	136
8.	3.901–4.300	365	433	522	519	144
9.	4.301–4.700	390	462	556	558	152
10.	4.701–5.100	416	491	590	597	160

	3. Kind	0–5	6–11	12–17	ab 18	%
1.	bis 1.500	222	269	331	298	100
2.	1.501–1.900	238	288	353	323	105
3.	1.901–2.300	254	306	374	347	110
4.	2.301–2.700	270	324	395	372	115
5.	2.701–3.100	286	342	417	396	120
6.	3.101–3.500	311	371	451	435	128
7.	3.501–3.900	337	401	485	474	136
8.	3.901–4.300	362	430	519	513	144
9.	4.301–4.700	387	459	553	552	152
10.	4.701–5.100	413	488	587	591	160

	1. und 2. Kind	0–5	6–11	12–17	ab 18	%
1.	bis 1.500	209,50	256,50	318,50	273	100
2.	1.501–1.900	225,50	275,50	340,50	298	105
3.	1.901–2.300	241,50	293,50	361,50	322	110
4.	2.301–2.700	257,50	311,50	382,50	347	115
5.	2.701–3.100	273,50	329,50	404,50	371	120
6.	3.101–3.500	298,50	358,50	438,50	410	128
7.	3.501–3.900	324,50	388,50	472,50	449	136
8.	3.901–4.300	349,50	417,50	506,50	488	144
9.	4.301–4.700	374,50	446,50	540,50	527	152
10.	4.701–5.100	400,50	475,50	574,50	566	160

III. Süddeutsche Leitlinien

Unterhaltsrechtliche Leitlinien der Familiensenate in Süddeutschland (SüdL) Oberlandesgerichte Bamberg, Karlsruhe, München, Nürnberg, Stuttgart und Zweibrücken (Stand: 1. 1. 2010)
Die Familiensenate der Süddeutschen Oberlandesgerichte verwenden diese Leitlinien als Orientierungshilfe für den Regelfall unter Beachtung der Rechtsprechung des Bundesgerichtshofs, wobei die Angemessenheit des Ergebnisses in jedem Fall zu überprüfen ist.
Das Tabellenwerk der Düsseldorfer Tabelle ist eingearbeitet. Die Erläuterungen werden durch nachfolgende Leitlinien ersetzt.

Unterhaltsrechtlich maßgebendes Einkommen

Bei der Ermittlung und Zurechnung von Einkommen ist stets zu unterscheiden, ob es um Verwandten- oder Ehegattenunterhalt sowie ob es um Bedarfsbemessung einerseits oder Feststellung der Bedürftigkeit/Leistungsfähigkeit andererseits geht. Das unterhaltsrechtliche Einkommen ist nicht immer identisch mit dem steuerrechtlichen Einkommen.

1. Geldeinnahmen

1.1 Auszugehen ist vom Bruttoeinkommen als Summe aller Einkünfte.
1.2 Soweit Leistungen nicht monatlich anfallen (z.B. Weihnachts- und Urlaubsgeld), werden sie auf ein Jahr umgelegt. Einmalige Zahlungen (z.B. Abfindungen) sind auf einen angemessenen Zeitraum (in der Regel mehrere Jahre) zu verteilen.
1.3 Überstundenvergütungen werden dem Einkommen voll zugerechnet, soweit sie berufstypisch sind und das in diesem Beruf übliche Maß nicht überschreiten.
1.4 Ersatz für Spesen und Reisekosten sowie Auslösungen gelten in der Regel als Einkommen. Damit zusammenhängende Aufwendungen, vermindert um häusliche Ersparnis, sind jedoch abzuziehen. Bei Aufwendungspauschalen (außer Kilometergeld) kann 1/3 als Einkommen angesetzt werden.

151

1.5 Bei Ermittlung des zukünftigen Einkommens eines Selbständigen ist in der Regel der Gewinn der letzten drei Jahre zugrunde zu legen.

1.6 Einkommen aus Vermietung und Verpachtung sowie aus Kapitalvermögen ist der Überschuss der Bruttoeinkünfte über die Werbungskosten. Für Gebäude ist keine AfA anzusetzen.

1.7 Steuerzahlungen oder Erstattungen sind in der Regel im Kalenderjahr der tatsächlichen Leistung zu berücksichtigen.

1.8 Sonstige Einnahmen, z.B. Trinkgelder.

2. Sozialleistungen

2.1 Arbeitslosengeld (§ 117 SGB III) und Krankengeld.

2.2 Leistungen zur Sicherung des Lebensunterhalts nach §§ 19 ff. SGB II sind kein Einkommen, es sei denn, die Nichtberücksichtigung der Leistungen ist in Ausnahmefällen treuwidrig; nicht subsidiäre Leistungen nach dem SGB II sind Einkommen (insbesondere befristete Zuschläge § 24 SGB II, Einstiegsgeld § 29 SGB II, Entschädigung für Mehraufwendungen „Ein-Euro-Job" § 16 SGB II, Freibeträge nach § 30 SGB II).

2.3 Wohngeld, soweit es nicht erhöhte Wohnkosten deckt.

2.4 BAföG-Leistungen, auch soweit sie als Darlehen gewährt werden, mit Ausnahme von Vorausleistungen nach §§ 36, 37 BAföG.

2.5 Elterngeld ist Einkommen, soweit es über den Sockelbetrag in Höhe von 300 €, bei verlängertem Bezugsrecht über 150 € hinausgeht. Der Sockelbetrag (§ 11 S.4 BEEG) und Bundeserziehungsgeld sind kein Einkommen, es sei denn, es liegt einer der Ausnahmefälle der § 9 S.2 BerzGG, § 11 S.4 BEEG vor.

2.6 Unfallrenten.

2.7 Leistungen aus der Pflegeversicherung, Blindengeld, Versorgungsrenten, Schwerbeschädigten- und Pflegezulagen nach Abzug eines Betrags für tatsächliche Mehraufwendungen; §§ 1610a, 1578a BGB sind zu beachten.

2.8 Der Anteil des Pflegegelds bei der Pflegeperson, durch den ihre Bemühungen abgegolten werden; bei Pflegegeld aus der Pflegeversicherung gilt dies nach Maßgabe des § 13 VI SGB XI.

2.9 In der Regel Leistungen nach §§ 41–43 SGB XII (Grundsicherung) beim Verwandtenunterhalt, nicht aber beim Ehegattenunterhalt.

152

2.10/11 Kein Einkommen sind sonstige Sozialhilfe nach SGB XII und Leistungen nach dem UVG. Die Unterhaltsforderung eines Empfängers dieser Leistungen kann in Ausnahmefällen treuwidrig sein. Vgl. Ziffer 2.2.

3. Kindergeld

Kindergeld wird nicht zum Einkommen der Eltern gerechnet (vgl. Nr.14).

4. Geldwerte Zuwendungen des Arbeitgebers

Geldwerte Zuwendungen aller Art des Arbeitgebers, z.B. Firmenwagen oder freie Kost und Logis, sind Einkommen, soweit sie entsprechende Eigenaufwendungen ersparen.

5. Wohnwert

Der Wohnvorteil durch mietfreies Wohnen im eigenen Heim ist als wirtschaftliche Nutzung des Vermögens unterhaltsrechtlich wie Einkommen zu behandeln. Neben dem Wohnwert sind auch Zahlungen nach dem Eigenheimzulagengesetz anzusetzen.

Bei der Bemessung des Wohnvorteils ist auszugehen von der Nettomiete, d.h. nach Abzug der auf einen Mieter nach § 2 BetrKV umlegbaren Betriebskosten. Hiervon können in Abzug gebracht werden der berücksichtigungsfähige Schuldendienst, erforderliche Instandhaltungs- und Instandsetzungskosten und solche Kosten, die auf einen Mieter nicht nach § 2 BetrKV umgelegt werden können.

Auszugehen ist vom vollen Mietwert. Wenn es nicht möglich oder nicht zumutbar ist, die Wohnung aufzugeben und das Objekt zu vermieten oder zu veräußern, kann statt dessen die ersparte Miete angesetzt werden, die angesichts der wirtschaftlichen Verhältnisse angemessen wäre. Dies kommt in der Regel für die Zeit bis zur Rechtshängigkeit des Scheidungsantrags in Betracht.

6. Haushaltsführung

Führt jemand einem leistungsfähigen Dritten den Haushalt, so ist hierfür ein Einkommen anzusetzen; bei Haushaltsführung durch einen

Nichterwerbstätigen geschieht das in der Regel mit einem Betrag von 200 bis 550 €.

7. Einkommen aus unzumutbarer Erwerbstätigkeit

Einkommen aus unzumutbarer Erwerbstätigkeit kann nach Billigkeit ganz oder teilweise unberücksichtigt bleiben.

8. Freiwillige Zuwendungen Dritter

Freiwillige Zuwendungen Dritter (z.B. Geldleistungen, kostenloses Wohnen) sind als Einkommen zu berücksichtigen, wenn dies dem Willen des Dritten entspricht.

9. Erwerbsobliegenheit und Einkommensfiktion

Einkommen können auch aufgrund einer unterhaltsrechtlichen Obliegenheit erzielbare Einkünfte sein.

10. Bereinigung des Einkommens

10.1 Vom Bruttoeinkommen sind Steuern, Sozialabgaben und/oder angemessene, tatsächliche Vorsorgeaufwendungen – Aufwendungen für die Altersvorsorge bis zu 24 % des Bruttoeinkommens, bei Elternunterhalt bis zu 25 % des Bruttoeinkommens (je einschließlich der Gesamtbeiträge von Arbeitnehmer und Arbeitgeber zur gesetzlichen Rentenversicherung) – abzusetzen (Nettoeinkommen).
Es besteht die Obliegenheit, Steuervorteile in Anspruch zu nehmen (z. B. Eintragung eines Freibetrags bei Fahrtkosten, Realsplitting für unstreitigen oder titulierten Unterhalt).
10.2 Berufsbedingte Aufwendungen, die sich von den privaten Lebenshaltungskosten nach objektiven Merkmalen eindeutig abgrenzen lassen, sind im Rahmen des Angemessenen vom Nettoeinkommen aus unselbständiger Arbeit abzuziehen.
10.2.1 Bei Vorliegen entsprechender Anhaltspunkte kann eine Pauschale von 5 % des Nettoeinkommens angesetzt werden. Übersteigen die berufsbedingten Aufwendungen die Pauschale, so sind sie im Einzelnen darzulegen. Bei beschränkter Leistungsfähigkeit kann im Einzelfall nur mit konkreten Kosten gerechnet werden.

10.2.2 Für die notwendigen Kosten der berufsbedingten Nutzung eines Kraftfahrzeugs kann der nach den Sätzen des § 5 II Nr.2 JVEG anzuwendende Betrag (derzeit 0,30 €) pro gefahrenen Kilometer angesetzt werden. Damit sind i.d.R. Anschaffungskosten erfasst. Bei langen Fahrtstrecken (ab ca. 30 km einfach) kann nach unten abgewichen werden (für die Mehrkilometer in der Regel 0,20 €).

10.2.3 Bei einem Auszubildenden sind i.d.R. 90 € als ausbildungsbedingter Aufwand abzuziehen.

10.3 Kinderbetreuungskosten sind abzugsfähig, soweit die Betreuung durch Dritte allein infolge der Berufstätigkeit erforderlich ist. Im Einzelfall kann ein Kinderbetreuungsbonus angesetzt werden. Im Übrigen gilt Ziffer 12.4.

10.4 Berücksichtigungswürdige Schulden (Zins, ggf. auch Tilgung) sind abzuziehen; die Abzahlung soll im Rahmen eines vernünftigen Tilgungsplanes in angemessenen Raten erfolgen. Bei der Zumutbarkeitsabwägung sind Interessen des Unterhaltsschuldners, des Drittgläubigers und des Unterhaltsgläubigers, vor allem minderjähriger Kinder, mit zu berücksichtigen.

Bei Kindesunterhalt kann die Obliegenheit zur Einleitung eines Verbraucherinsolvenzverfahrens bestehen.

10.5 unbelegt

10.6 unbelegt

Kindesunterhalt

11. Bemessungsgrundlage (Tabellenunterhalt)

Der Barunterhalt minderjähriger und noch im elterlichen Haushalt lebender volljähriger unverheirateter Kinder bestimmt sich nach den Sätzen der Düsseldorfer Tabelle (Anhang 1).

Bei minderjährigen Kindern kann er als Festbetrag oder als Prozentsatz des jeweiligen Mindestunterhalts geltend gemacht werden.

11.1 Die Tabellensätze der Düsseldorfer Tabelle enthalten keine Kranken- und Pflegeversicherungsbeiträge für das Kind, wenn dieses nicht in einer gesetzlichen Familienversicherung mitversichert ist. Das Nettoeinkommen des Verpflichteten ist um solche zusätzlich zu zahlenden Versicherungskosten zu bereinigen.

11.2 Die Tabellensätze sind auf den Fall zugeschnitten, dass der Unterhaltspflichtige zwei Unterhaltsberechtigten Unterhalt zu gewähren hat. Bei einer größeren oder geringeren Anzahl Unterhaltsberechtigter sind i.d.R. Ab- oder Zuschläge durch Einstufung in eine niedrigere oder höhere Einkommensgruppe vorzunehmen.

Zur Eingruppierung können auch die Bedarfskontrollbeträge herangezogen werden.

12. Minderjährige Kinder

12.1 Der betreuende Elternteil braucht neben dem anderen Elternteil in der Regel keinen Barunterhalt zu leisten, es sei denn, sein Einkommen ist bedeutend höher als das des anderen Elternteils (§ 1606 III 2 BGB), oder der eigene angemessene Unterhalt des sonst allein barunterhaltspflichtigen Elternteils ist gefährdet (§ 1603 II 3 BGB).

12.2 Einkommen des Kindes wird bei beiden Eltern hälftig angerechnet. Zum Kindergeld vgl. Ziffer 14.

12.3 Sind bei auswärtiger Unterbringung beide Eltern zum Barunterhalt verpflichtet, haften sie anteilig nach § 1606 III 1 BGB für den Gesamtbedarf (vgl. Nr.13.3). Der Verteilungsschlüssel kann unter Berücksichtigung des Betreuungsaufwandes wertend verändert werden.

12.4 Kosten für Kindergärten und vergleichbare Betreuungsformen (ohne Verpflegungskosten) sind Mehrbedarf des Kindes. Bei Zusatzbedarf (Prozesskostenvorschuss, Mehrbedarf, Sonderbedarf) gilt § 1606 III 1 BGB (vgl. Nr.13.3).

13. Volljährige Kinder

13.1 Bedarf

Beim Bedarf volljähriger Kinder ist zu unterscheiden, ob sie noch im Haushalt der Eltern/eines Elternteils leben oder einen eigenen Hausstand haben.

13.1.1 Für volljährige Kinder, die noch im Haushalt der Eltern oder eines Elternteils wohnen, gilt die Altersstufe 4 der Düsseldorfer Tabelle.

Sind beide Elternteile leistungsfähig (vgl. Nr.21.3.1), ist der Bedarf des Kindes i.d.R. nach dem zusammengerechneten Einkommen (ohne Anwendung von Nr.11.2) zu bemessen. Für die Haftungsquote gilt Nr.13.3. Ein Elternteil hat jedoch höchstens den Unterhalt zu leisten,

156

der sich allein aus seinem Einkommen aus der Düsseldorfer Tabelle (ggf. Herauf-, Herabstufung abzüglich volles Kindergeld) ergibt.

13.1.2 Der angemessene Bedarf eines volljährigen Kindes mit eigenem Hausstand beträgt in der Regel monatlich 640 € (darin sind enthalten Kosten für Unterkunft und Heizung bis zu 270 €), ohne Beiträge zur Kranken- und Pflegeversicherung sowie Studiengebühren.

Von diesem Betrag kann bei erhöhtem Bedarf oder mit Rücksicht auf die Lebensstellung der Eltern abgewichen werden.

13.2 Auf den Unterhaltsbedarf werden Einkünfte des Kindes, auch das Kindergeld, BAföG-Darlehen und Ausbildungsbeihilfen (gekürzt um ausbildungsbedingte Aufwendungen, vgl. Nr.10.2.3) angerechnet. Bei Einkünften aus unzumutbarer Erwerbstätigkeit gilt § 1577 II BGB entsprechend.

13.3 Bei anteiliger Barunterhaltspflicht ist vor Berechnung des Haftungsanteils nach § 1606 III 1 BGB das bereinigte Nettoeinkommen jedes Elternteils gem. Nr.10 zu ermitteln. Außerdem ist vom Restbetrag ein Sockelbetrag in Höhe des angemessenen Selbstbehalts (1.100 €) abzuziehen.

Der Haftungsanteil nach § 1606 III 1 BGB errechnet sich nach der Formel:

Bereinigtes Nettoeinkommen eines Elternteils (N1 oder N2) abzüglich 1.100 € mal (Rest-)Bedarf (R), geteilt durch die Summe der bereinigten Nettoeinkommen beider Eltern (N1 + N2) abzüglich 2.200 (=1.100 + 1.100) €. Haftungsanteil 1 = (N1 – 1.100) × R: (N1 + N2 – 2.200). Der so ermittelte Haftungsanteil ist auf seine Angemessenheit zu überprüfen und kann bei Vorliegen besonderer Umstände (z.B. behindertes Kind) wertend verändert werden.

Bei volljährigen Schülern, die in § 1603 II 2 BGB minderjährigen Kindern gleichgestellt sind, wird der Sockelbetrag bis zum notwendigen Selbstbehalt (770 €/900 €) herabgesetzt, wenn der Bedarf der Kinder andernfalls nicht gedeckt werden kann.

14. Verrechnung des Kindergeldes

Es wird nach § 1612b BGB angerechnet.

Ehegattenunterhalt

15. Unterhaltsbedarf

15.1 Die Bemessung des nachehelichen Unterhalts richtet sich nach den ehelichen Lebensverhältnissen (§ 1578 Abs.1 S.1 BGB). Dabei sind spätere Änderungen des verfügbaren Einkommens in der Regel zu berücksichtigen.

15.2 Es gilt der Halbteilungsgrundsatz, wobei jedoch Erwerbseinkünfte nur zu 90 % zu berücksichtigen sind (Abzug von 1/10 Erwerbstätigenbonus vom bereinigten Nettoeinkommen bei der Bedarfsermittlung, nicht bei der Ermittlung der Leistungsfähigkeit des Unterhaltsschuldners).

Leistet ein Ehegatte auch Unterhalt für ein unterhaltsberechtigtes Kind, wird sein Einkommen vor Ermittlung des Erwerbstätigenbonus um Kindesunterhalt (Zahlbetrag) bereinigt.

Erbringt der Verpflichtete sowohl Bar- als auch Betreuungsunterhalt, kann im Einzelfall ein Betreuungsbonus angesetzt werden.

15.3 Bei sehr guten Einkommensverhältnissen des Pflichtigen kommt eine konkrete Bedarfsberechnung in Betracht.

15.4 Werden Altersvorsorge-, Kranken- und Pflegeversicherungskosten vom Berechtigten gesondert geltend gemacht oder vom Verpflichteten bezahlt, sind diese vom Einkommen des Pflichtigen vorweg abzuziehen. Der Vorwegabzug unterbleibt, soweit nicht verteilte Mittel zur Verfügung stehen, z.B. durch Anrechnung nicht prägenden Einkommens des Berechtigten auf seinen Bedarf.

15.5 Schuldet der Unterhaltspflichtige sowohl einem geschiedenen als auch einem neuen Ehegatten Unterhalt, so ist der nach den ehelichen Lebensverhältnissen (§ 1578 Abs.1 BGB) zu bemessende Unterhaltsbedarf jedes Berechtigten im Wege der Dreiteilung des Gesamteinkommens des Unterhaltspflichtigen und beider Unterhaltsberechtigter zu ermitteln.

15.6 nicht belegt

16. Bedürftigkeit

Eigene Einkünfte des Berechtigten sind auf den Bedarf anzurechnen, wobei das bereinigte Nettoerwerbseinkommen um den Erwerbstätigenbonus zu vermindern ist (vgl. Rechenbeispiel Anhang 2 Nr.2.1).

17. Erwerbsobliegenheit

17.1 Bei der Betreuung eines Kindes besteht keine Erwerbsobliegenheit vor Vollendung des 3.Lebensjahrs, danach nach den Umständen des Einzelfalls insbesondere unter Berücksichtigung zumutbarer Betreuungsmöglichkeiten für das Kind und der Vereinbarkeit mit der Berufstätigkeit des betreuenden Elternteils, auch unter dem Aspekt des neben der Erwerbstätigkeit anfallenden Betreuungsaufwands.

17.2 In der Regel besteht für den Berechtigten im ersten Jahr nach der Trennung keine Obliegenheit zur Aufnahme oder Ausweitung einer Erwerbstätigkeit.

Weitere Unterhaltsansprüche

18. Ansprüche aus § 1615 l BGB

Der Bedarf nach § 1615 l BGB bemisst sich nach der Lebensstellung des betreuenden Elternteils. Er beträgt mindestens 770 €. Ist die Mutter verheiratet oder geschieden, ergibt sich ihr Bedarf aus den ehelichen Lebensverhältnissen.

19. Elternunterhalt

Beim Bedarf der Eltern sind Leistungen zur Grundsicherung nach §§ 41 ff. SGB XII zu berücksichtigen (vgl. Nr.2.9).

20. Lebenspartnerschaft

Bei Getrenntleben oder Aufhebung der Lebenspartnerschaft gelten §§ 12, 16 LPartG.
Leistungsfähigkeit und Mangelfall

21. Selbstbehalt

21.1 Es ist zu unterscheiden zwischen dem notwendigen (§ 1603 II BGB), dem angemessenen (§ 1603 I BGB) und dem eheangemessenen Selbstbehalt (§§ 1361 I, 1578 I BGB)

21.2 Für Eltern gegenüber minderjährigen Kindern und diesen nach § 1603 II 2 BGB gleichgestellten Kindern gilt im Allgemeinen der notwendige Selbstbehalt als unterste Grenze der Inanspruchnahme.
Er beträgt

– beim Nichterwerbstätigen 770 €
– beim Erwerbstätigen 900 €.

Hierin sind Kosten für Unterkunft und Heizung in Höhe von 360 € enthalten.

21.3 Im Übrigen gilt beim Verwandtenunterhalt der angemessene Selbstbehalt.

21.3.1 Er beträgt gegenüber volljährigen Kindern 1.100 €. Hierin sind Kosten für Unterkunft und Heizung in Höhe von 450 € enthalten.

21.3.2 Gegenüber Anspruchsberechtigten nach § 1615l BGB ist der Selbstbehalt in der Regel mit einem Betrag zu bemessen, der zwischen dem angemessenen Selbstbehalt des Volljährigen nach § 1603 I BGB und dem notwendigen Selbstbehalt nach § 1603 II BGB liegt, in der Regel mit 1.000 €.

21.3.3 Gegenüber Eltern beträgt er mindestens 1.400 €, wobei die Hälfte des diesen Mindestbetrag übersteigenden Einkommens zusätzlich anrechnungsfrei bleibt. Hierin sind Kosten für Unterkunft und Heizung in Höhe von 450 € enthalten.

21.3.4 Gegenüber Großeltern/Enkel beträgt der Selbstbehalt mindestens 1.400 €.

21.4 Gegenüber Ehegatten gilt grundsätzlich der Ehegattenmindestselbstbehalt (= Eigenbedarf). Er beträgt in der Regel 1.000 € OLG Karlsruhe: für Erwerbstätige 1.000 €, für Nichterwerbstätige 935 €.[140].Hierin sind Kosten für Unterkunft und Heizung in Höhe von 400 € enthalten.

21.5 Anpassung des Selbstbehalts

21.5.1 Beim Verwandtenunterhalt kann der jeweilige Selbstbehalt unterschritten werden, wenn der eigene Unterhalt des Pflichtigen ganz oder teilweise durch seinen Ehegatten gedeckt ist.

21.5.2 Wird konkret eine erhebliche und nach den Umständen nicht vermeidbare Überschreitung der in den einzelnen Selbstbehalten enthaltenen angeführten Wohnkosten dargelegt, erhöht sich der Selbstbehalt. Wird die Wohnung von mehreren Personen genutzt, ist der Wohnkostenanteil des Pflichtigen festzustellen. Bei Erwachsenen geschieht die Aufteilung in der Regel nach Köpfen. Kinder sind vorab mit einem Anteil von 20 % ihres Anspruchs auf Barunterhalt zu berücksichtigen. Besteht für den Verpflichteten ein Anspruch auf Wohngeld, ist dieser wohnkostenmindernd zu berücksichtigen (vgl. Nr.2.3).

21.5.3 Bei Zusammenleben mit einem Partner kann der Selbstbehalt wegen ersparter Aufwendungen reduziert werden.

22. Bedarf des mit dem Pflichtigen zusammenlebenden Ehegatten

22.1 und 22.2

Ist bei Unterhaltsansprüchen des nachrangigen geschiedenen Ehegatten oder volljähriger Kinder der Unterhaltspflichtige verheiratet, werden für den mit ihm zusammenlebenden Ehegatten mindestens 800 € angesetzt.

22.2 (Mindestbedarf bei Ansprüchen aus § 1615 l BGB): nicht belegt

22.3 Ist bei Unterhaltsansprüchen der Eltern, Großeltern und Enkel der Unterhaltspflichtige verheiratet, werden für den mit ihm zusammenlebenden Ehegatten mindestens 1.100 € angesetzt. Im Familienbedarf von 2.500 € (1.400 € + 1.100 €) sind Kosten für Unterkunft und Heizung in Höhe von 800 € enthalten.

23. Mangelfall

23.1 Ein absoluter Mangelfall liegt vor, wenn das Einkommen des Verpflichteten zur Deckung seines notwendigen Selbstbehalts und der gleichrangigen Unterhaltsansprüche der Kinder nicht ausreicht. Zur Feststellung des Mangelfalls entspricht der einzusetzende Bedarf für minderjährige und diesen nach § 1603 II 2 BGB gleichgestellten Kindern dem Zahlbetrag, der aus der ersten Einkommensgruppe entnommen werden kann.

23.2 In sonstigen Mangelfällen: Einsatzbetrag für Ehegatten 1.000 €, bei Zusammenleben mit dem Pflichtigen 800 €.

23.3 Die nach Abzug des notwendigen Selbstbehalts des Unterhalts-pflichtigen verbleibende Verteilungsmasse ist anteilig auf alle gleich-rangigen unterhaltsberechtigten Kinder im Verhältnis ihrer Unterhalts-ansprüche zu verteilen.

Die prozentuale Kürzung berechnet sich nach der Formel:

$K = V : S \times 100$

K = prozentuale Kürzung

S = Summe der Einsatzbeträge aller Berechtigten

V = Verteilungsmasse (Einkommen des Verpflichteten abzüglich
     Selbstbehalt)

23.4 nicht belegt

23.5 Das im Rahmen der Mangelfallberechnung gewonnene Ergebnis ist auf seine Angemessenheit zu überprüfen.

23.6 Rechenbeispiel zum absoluten Mangelfall, vgl. Anhang 2 Nr. 2.2.

Sonstiges

24. Rundung

Der Unterhaltsbetrag ist auf volle Euro aufzurunden.

25. unbelegt

Anhang

1. Düsseldorfer Tabelle 2010

	Nettoeinkommen des Barunterhaltspflichtigen	Altersstufen in Jahren				Pro-zent-satz	Bedarfs-kontroll-betrag
		0–5	6–11	12–17	ab 18		
	Alle Beträge in Euro						
1.	bis 1.500	317	364	426	488	100	770/900
2.	1.501–1.900	333	383	448	513	105	1.000
3.	1.901–2.300	349	401	469	537	110	1.100
4.	2.301–2.700	365	419	490	562	115	1.200
5.	2.701–3.100	381	437	512	586	120	1.300
6.	3.101–3.500	406	466	546	625	128	1.400
7.	3.501–3.900	432	496	580	664	136	1.500
8.	3.901–4.300	457	525	614	703	144	1.600
9.	4.301–4.700	482	554	648	742	152	1.700
10.	4.701–5.100	508	583	682	781	160	1.800

ab 5.101 nach den Umständen des Falles

2. Rechenbeispiele

2.1 Additionsmethode

Der Verpflichtete M hat ein bereinigtes Nettoerwerbseinkommen von 2 000 € sowie Zinseinkünfte von 300 €. Seine Ehefrau F hat ein bereinigtes Nettoerwerbseinkommen von 1 000 €. Anspruch der F?
Bedarf: $\frac{1}{2}$ (9/10 [[ast]] 2 000 € + 300 € + 9/10 [[ast]] 1 000 €) = 1500 €
Höhe: 1500 € −9/10 [[ast]] 1 000 € = 600 €

2.2 Absoluter Mangelfall

Der unterhaltspflichtige Vater V hat ein bereinigtes Nettoeinkommen von 1.600 €. Unterhaltsberechtigt sind ein 18-jähriges Kind K1, das bei der Mutter M lebt und aufs Gymnasium geht, und die beiden minderjährigen Kinder K2 (14 Jahre) und K3 (10 Jahre), die von der Mutter betreut werden. Das Kindergeld von 558 € wird an die Mutter ausbezahlt, deren sonstiges Einkommen unter 900 € liegt.

Unterhaltsberechnung gemäß Nr.23.1:

Mangels Leistungsfähigkeit der Mutter alleinige Barunterhaltspflicht von V für alle Kinder.

Bedarf K1: 488 € (DüssTab Gruppe 1, 4. Altersstufe) – 184 € Kindergeld ergibt einen ungedeckten Bedarf = Einsatzbetrag von 304 €

Bedarf K2: 426 € (DüssTab Gruppe 1, 3. Altersstufe) – 92 € 1/2 Kindergeld ergibt einen ungedeckten Bedarf = Einsatzbetrag von 334 €

Bedarf K3: 364 € (DüssTab Gruppe 1, 2. Altersstufe) – 95 € 1/2 Kindergeld ergibt einen ungedeckten Bedarf = Einsatzbetrag von 269 €

Summe der Einsatzbeträge: 304 + 334 + 269 = 787 €

Verteilungsmasse:

Einkommen 1.600 € – Selbstbehalt 900 € = 700 €

Prozentuale Kürzung:

700/907 [[ast]] 100 = 77,18 %

Berechnung der gekürzten Unterhaltsansprüche:

K1: 304 € [[ast]] 77,18 % = 235 €; zum Leben verfügbar also 235 + 184 = 419 €;

K2: 334 € [[ast]] 77,18 % = 258 €; zum Leben verfügbar also 258 + 92 = 350 €;

K3: 269 € [[ast]] 77,18 % = 208 €; zum Leben verfügbar also 208 + 95 = 303 €.

Sachverzeichnis

A

B

D

Buchanzeigen

Von der Jugend bis ins Alter
Recht in allen Lebenslagen

Jugend und Recht

JugR · Jugendrecht
SGB VIII – Kinder- und Jugend-
hilfe, AdoptionsvermittlungsG,
UnterhaltsvorschussG, Jugend-
schutzG.
Textausgabe **Toptitel**
31. Aufl. 2010. 555 S.
€ 7,90. dtv 5008

Schule und Hochschule

Staupe
Schulrecht von A–Z
Noten und Zeugnisse ·
Schüler- und Elternrechte ·
Haftung und Rechtsschutz.
Rechtsberater
6. Aufl. 2007. 332 S.
€ 13,50. dtv 5232
Das umfassende Lexikon für
Eltern, Lehrer und Schüler.

Brenner
Meine Rechte in der Schule
Rechtliche Stellung von Eltern,
Schülern und Lehrern, Haftung,
Versicherung.
Rechtsberater
2. Aufl. 2004. 209 S.
€ 9,50. dtv 5665

Lenßen
**Dein Recht: Jugend und
Schule**
Beck im dtv
1. Aufl. 2009. 108 S.
€ 6,90. dtv 50453
Der kompakte Ratgeber für Ju-
gendliche, um auch schwierige
Lebenssituationen zu meistern.

Birnbaum
Mein Recht bei Prüfungen
Grundlagen · Anfechtung ·
Rechtsschutz.
Rechtsberater
1. Aufl. 2007. 230 S.
€ 9,50. dtv 50647
Effektive Hilfe für Prüflinge,
Prüfer und Behörden.

Brehm/Zimmerling
Erfolgreich zum Studienplatz
ZVS · NC · Auswahlgespräche
und -tests · Rechtsschutz ·
Studienplatzklage.
Rechtsberater
1. Aufl. 2007. 231 S.
€ 11,50. dtv 50652
Macht mit Tipps und Hin-
weisen den Weg zum Wunsch-
studium frei.

BAföG · Bildungsförderung
Textausgabe
29. Aufl. 2008. 250 S.
€ 9,–. dtv 5033

BundesausbildungsförderungsG mit Durchführungsverordnungen und Ausbildungsförderungsgesetzen der Länder, BerufsbildungsG, SGB III (Auszug) und Meister-BAföG. Mit allen Änderungen durch das 22. BAföGÄndG.

Theisen
ABC des wissenschaftlichen Arbeitens
Erfolgreich in Schule, Studium und Beruf.
Beck im dtv
1. Aufl. 2006. 263 S.
€ 9,50. dtv 50897

Gramm/Wolff
Jura – erfolgreich studieren
Für Schüler und Studenten.
Beck im dtv   `Toptitel`
5. Aufl. 2008. 251 S.
€ 12,90. dtv 50624

Das Buch liefert detaillierte Informationen und Tipps zum Jurastudium. Ein Eignungstest für junge Juristen am Ende des Bandes bietet eine wichtige Entscheidungshilfe.

Ehe, Familie und Partnerschaft

FamR · Familienrecht
Zu Ehe, Scheidung, Unterhalt, Versorgungsausgleich, Lebenspartnerschaft und internationalem Recht.
Textausgabe   `Toptitel`
13. Aufl. 2009. 899 S.
€ 12,90. dtv 5577

Mit den Änderungen 2009 beim Versorgungsausgleich, Erb- und Verjährungsrecht, Zugewinnausgleich und durch das 3. Betreuungsrechtsänderungsgesetz sowie das FamFG. Im Anhang die neue Düsseldorfer und die Bremer Tabelle.

von Münch/Backhaus
Ehe- und Familienrecht von A–Z
Über 500 Stichwörter zur aktuellen Rechtslage.
Rechtsberater   `Toptitel` `Neu`
16. Aufl. 2010. 510 S.
€ 19,90. dtv 5042

Annahme als Kind, Betreuung, Ehe, elterliche Sorge, Güterstand, Kindschaftssachen, Nichtehelichkeit, Scheidung, Unterhalt, Zugewinn, Lebenspartnerschaft.

Langenfeld
Der Ehevertrag
Gerechter Interessenausgleich durch Ehevertrag oder Scheidungsvereinbarung.
Rechtsberater
11. Aufl. 2005. 214 S.
€ 8,50. dtv 5226

Dahmen-Lösche
**Ehevertrag –
Vorteil oder Falle?**
So finden Sie Ihre perfekte
Regelung.
Rechtsberater
1. Aufl. 2008. 152 S.
€ 9,50. dtv 50656
Welche Klauseln vorteilhaft
sind und wo die Fallen liegen
erläutert ausführlich und mit
zahlreichen Mustern und Beispielen versehen dieses Buch.

Peyerl
**Ehevertrag und
Scheidungsvereinbarung in
Frage und Antwort**
Güterstand, Unterhalt, Versor-
gungsausgleich, Zugewinn und
Vermögensteilung richtig regeln.
Rechtsberater
1. Aufl. Rd. 200 S.
Ca. € 9,90. dtv 50681
In Vorbereitung

Grziwotz
**Rechtsfragen zu Ehe und
Lebenspartnerschaft**
Rechte und Pflichten, Unterhalt,
Vermögensrecht und Verträge.
Rechtsberater   Neu
4. Aufl. 2010. 156 S.
Ca. € 9,90. dtv 50611
Neu im August 2010

Perfekter Rechtsrat für Ver-
heiratete und Lebenspartner
sowie alle, die heiraten oder
eine Lebenspartnerschaft
eingehen wollen.
Mit zahlreichen Beispielen und
praktischen Tipps.

Grziwotz
**Rechtsfragen des nichtehe-
lichen Zusammenlebens**
Ein Ratgeber für gleich- und ver-
schiedengeschlechtliche Paare.
Rechtsberater
3. Aufl. 2010. 179 S.
€ 11,90. dtv 50613
Umfassende Beratung zu den
Themen Lebensgemeinschaft,
gemeinsame Wohnung, Haus-
halt und Vermögen, Unterhalt,
Altersvorsorge, Kinder, erbrechtliche Absicherung u.v.m.

Schwab/Görtz-Leible
**Meine Rechte bei
Trennung und Scheidung**
Unterhalt · Ehewohnung · Sorge
· Zugewinn- und Versorgungs-
ausgleich.
Rechtsberater
6. Aufl. 2008. 262 S.
€ 9,50. dtv 5647
Ratgeber zu allen Rechtsfragen
bei Trennung und Scheidung.

Grziwotz
Trennung und Scheidung
Getrenntleben, Scheidung,
Lebenspartnerschaftsaufhebung,
Vermögensauseinandersetzung
und Unterhalt.
Rechtsberater
7. Aufl. 2008. 227 S.
€ 8,50. dtv 50612

Dahmen-Lösche
Scheidungsberater für Frauen
Ihre Rechte und Ansprüche bei
Trennung und Scheidung.
Rechtsberater `Toptitel`
2. Aufl. 2009. 159 S.
€ 9,90. dtv 50641
Dieses Buch berät umfassend
mit vielen Beispielen, Mustern
und Checklisten.

Schlickum
**Scheidungsberater
für Männer**
Seine Rechte und Ansprüche bei
Trennung und Scheidung.
Rechtsberater
2. Aufl. 2010. 183 S.
€ 11,90. dtv 50661
Neu im August 2010

Der umfassende Rechtsberater
für Ehemänner und Väter, die
sich nicht aus ihrer Verantwortung drängen lassen wollen.
Mit neuem Unterhaltsrecht.

Peyerl
**Vermögensteilung
bei Scheidung**
So sichern Sie Ihre Ansprüche.
Rechtsberater `Neu`
2 Aufl. 2010. 119 S.
€ 9,90. dtv 50659
Mit zahlreichen Tipps und
Beispielen.

Strecker
Versöhnliche Scheidung
Trennung, Scheidung und deren
Folgen einvernehmlich regeln.
Rechtsberater `Neu`
4. Aufl. 2010. 327 S.
€ 14,90. dtv 50700
Neu im Juli 2010

Bietet Hilfe bei der Suche nach
einvernehmlichen Lösungen
während Trennung und Scheidung. Berücksichtigt sind auch
psychologische Aspekte.

Dahmen-Lösche
Unterhalt
So wehren Sie sich bei Trennung
und Scheidung gegen unberech-
tigte Forderungen.
Rechtsberater
1. Aufl. Rd. 150 S.
Ca. € 7,90. dtv 50685
In Vorbereitung

Strategien nach der Reform
im Unterhaltsrecht zur Abwehr
und Begrenzung von Unter-
haltsforderungen.

Lenßen
**Ihr Recht: Scheidung und
Unterhalt**
Rechtsberater
1. Aufl. 2009. 100 S.
€ 6,90. dtv 50451
Die verständliche Einführung,
damit Sie Ihre Rechte bei Trennung und Scheidung kennen.

Duderstadt
Unterhaltsrecht aktuell
Unterhalt für Ehegatten, Kinder
und Verwandte.
Rechtsberater
1. Aufl. 2008. 555 S.
€ 15,50. dtv 50684
Das gesamte Unterhaltsrecht
nach der Reform: umfassend
und mit zahlreichen Urteilen,
Beispielen, Hinweisen und Tipps.

Peyerl
**Unterhalt in Frage und
Antwort**
Anspruch und Höhe für Kinder,
Getrenntlebende, Geschieene
und Eltern.
Rechtsberater
1. Aufl. 2008. 151 S.
€ 7,90. dtv 50639
Dieser Ratgeber beantwortet
zahlreiche praktische Fragen
zum Unterhalt für Getrenntlebende, Geschiedene und Kinder.

Heiß/Heiß
**Die Höhe des Unterhalts
von A–Z**
Lexikon für Unterhalts-
berechtigte, Unterhalts-
verpflichtete und Juristen.
Rechtsberater `Toptitel`
10. Aufl. 2008. 575 S.
€ 13,90. dtv 5059

Dahmen-Lösche
**So viel Unterhalt bei
Trennung und Scheidung**
Schnellübersicht Recht
1. Aufl. 2008. 31 S.
€ 4,95. dtv 50403

Lindemann-Hinz
Elternunterhalt
Das müssen Kinder für ihre
Eltern zahlen.
Rechtsberater `Neu`
1. Aufl. 2010. 151 S.
€ 11,90. dtv 50690
Alles Wichtige zum Unterhalt
für Eltern: Ansprüche, Höhe,
Vermögen, Überleitung, Ver-
fahren u.v.m.

Schausten
So viel Elternunterhalt
Schnellübersicht Recht.
1. Aufl. 2008. 31 S.
€ 4,95. dtv 50406

Schulte/Heider
Eltern und Kinder
Elterliche Sorge · Umgang ·
Unterhalt.
Rechtsberater
3. Aufl. 2011. Rd. 270 S.
Ca. € 10,90. dtv 5648
In Vorbereitung für Anfang 2011
Rechte und Pflichten gegen-
über Partnern und Kindern
sowie alles zu Jugendamt,
Familiengericht, Unterhalts-
vorschuss und Sozialhilfe,
Namensrecht sowie Erbrecht.

Wernitznig
**Meine Rechte und Pflichten
als Vater**
Vaterschaft, Sorgerecht,
Umgang, Namensrecht, Unter-
haltsfragen, Erbrechtliche und
Ssteuerrechtliche Fragen.
Rechtsberater
1. Aufl. 2010. 136 S.
€ 9,90. dtv 50692

Oberloskamp/Hoffmann
Wir werden Adoptiv- oder Pflegeeltern
Verfahren im In- und Ausland.
Rechtsberater
5. Aufl. 2006. 399 S.
€ 13,50. dtv 5215

Sie erfahren alles Wichtige zu Voraussetzungen und Rechtsfolgen, insbesondere bei Auslandsadoptionen; auch Aspekte wie Erziehungsrechte, Unterhalt oder Kindergeld sind berücksichtigt.

Raack/Doffing/Raack
Recht der religiösen Kindererziehung
Unser Kind und seine Religion.
Rechtsberater
1. Aufl. 2003. 275 S.
€ 11,50. dtv 5676

Behinderung

SGB IX ·
Rehabilitation und Teilhabe behinderter Menschen
Textausgabe
6. Aufl. 2008. 676 S.
€ 13,–. dtv 5755

SGB IX mit allen Schwerbehindertenverordnungen, Behindertengleichstellungsgesetz, Auszüge aus anderen Sozialgesetzbüchern, einschlägige Steuervorschriften sowie das Bundesversorgungsgesetz.

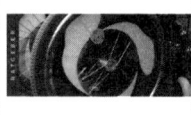

Majerski-Pahlen/Pahlen
Mein Recht als Schwerbehinderter
Erwerbstätigkeit · Sozialleistungen · Steuern · Nachteilsausgleiche.
Rechtsberater **Toptitel**
8. Aufl. 2010. 293 S.
€ 12,90. dtv 5252

Alles Wissenswerte für Betroffene, Angehörige und Betreuer. Mit allen Neuerungen durch Hartz IV.

Greß
Recht und Förderung für mein behindertes Kind
Elternratgeber für alle Lebensphasen – alles zu Sozialleistungen, Betreuung und Behindertentestament.
Rechtsberater **Toptitel**
1. Aufl. 2009. 309 S.
€ 14,90. dtv 50680

Betreuung und Alter

BtR · Betreuungsrecht
BetreuungsG, BetreuungsbehördenG, Vormünder- und BetreuervergütungsG.
Jetzt mit allen Änderungen durch das 3. Betreuungsrechtsänderungsgesetz.
Textausgabe **Toptitel**
9. Aufl. 2009. 154 S.
€ 5,90. dtv 5570

Zimmermann
Ratgeber Betreuungsrecht
Hilfe für Betreute und Betreuer.
Rechtsberater
8. Aufl. 2009. 288 S.
€ 12,90. dtv 5604

Dieses Buch gibt Antwort auf alle wesentlichen Fragen zum Betreuungsrecht.